大展好書 好書大展

大展好書 好書大展

社會人智囊

5

天才家學習術

木原武一 著
劉雪卿 譯

大展出版社有限公司

天才是如何成為天才的——森本哲郎（評論家）

赫曼・赫塞曾說人生就是自我之旅。的確，每個人都是以自我來創造自我的。就這個意義而言，人的一生就好比畫家描繪自畫像，雕刻家雕刻自己的像一樣。而我對人的興趣就是——他是如何成為他，而她又是如何成為她的。

作者木原武一先生即由此觀點，舉出九位被世人公認為天才的人物一一檢證，看莫札特是如何成為莫札特，而拿破崙又是如何成為拿破崙的。從牛頓、歌德、達爾文到邱吉爾、畢卡索、卓別林和平賀源內，完美地掌握了其中的奧秘。

一言以蔽之，完全都在於「學習」，但問題是該如何「學習」才能使個人獲得大成功。

閱讀本書後，相信能給讀者重要的啟示。

前言——天才是學習的產物

人的一生是持續學習的旅程，從出生的瞬間就開始學習。不，甚至在母親的胎內就開始學習了。有的人即使瀕臨死亡，也能從病痛中學習。

人類最能發揮驚人學習能力的，是在出生後的數年間。在這時期裡，從早到晚不停地學習。長大後每個人都會完全忘了這回事，但只要養育兒女就能充分了解，人在一生的初期是懷著何等的學習意慾，並發揮奇跡般的能力。畢竟，人類是在短短的期間就學會語言，這種人類所創造出最複雜的事物。不用說，嬰兒決非本能地就會說話，而是藉由學習學會的，而依置身的狀況，甚至能學會世上任何不同的語言。

以這種在幼兒期的語言學習為出發點，從幼年期到青年期，從中年期到老年期，一生不斷地學習。當然，不僅在家裡或學校學習，要成為人上人就須配合所處狀況學習各種事物。而能學習各種事物，正是生物具有高等能力的明證。貓和狗都是具有高等學習能力的動物，但牠們很早就從學習中解放出來了。人類與其他動物相比，最不同的一點就是無法從學習中解放。人類可以說只要活著，就無法從學習得到解放。

但是，必須不停地學習，不就說明了還未成熟嗎！人類決非「完成了」；以往在地球上所出現的人類中，沒有一個是「已經完成了」的人。

人類從生到死一直都是未成熟的狀態，隨時都要學習。但是，為什麼無論再怎麼學習，都依然不能脫離未成熟的狀態呢？這是因為人類建立了社會這種不斷變化、不完全事物的緣故。如果「完全不變」的社會能實現的話，那麼人類就不必努力，也不必學習了。只是這樣的社會可能千年後也不會出現吧！

未成熟人類及不完全的社會——儘管如此，人類歷經許多世代依然不厭其煩地學習，這是為什麼呢？

對此，只有一個答案。

因為學習是很快樂的。當然，不僅是在學校上課或讀書才算學習。知道新事物、培養新的能力，並使其深化、提升，這就是學習。人類所能嚐到的感動和樂趣，大半不就是由此而生的嗎？但最了解學習之樂的是一般被稱為「天才」的人。天才是如何產生的我們不得而知，但唯一可以斷言的，是天才在幼兒期時必定已充分嚐到學習之樂了。至少，唯有體驗過學習之樂的人才能成為天才。

上天所賜給天才的才能不過是學習罷了！所謂天才並非具有祕密能力的人，而是能將衆人皆具的學習能力，滙集地朝著有限、狹隘的對象去發揮的人。

一般人都認為天才是具有天賦特異傑出能力的人，但真的是這樣嗎？我想做以下的假設。

「天才即學習的產物」。

我用此假設來檢證被世人稱為天才的人，以及過去在工作上有傑出表現的人，他們的生活方式、學習方法及工作態度等，搜尋其「學習術」的祕密，發現不光是天才如此，而是程度有別罷了，普通人也能成為天才！這就是本書的主旨。

目錄

從女性學習的詩人——歌德……四五

當上首相的留級生——邱吉爾……一〇三

「模仿」天才——莫札特

首先想介紹的是去世二百年後，仍讓今天全世界的古典樂迷一飽耳福的作曲家渥爾夫岡格・阿瑪迪斯・莫札特（一七五六～九一）。

十歲是神童，至死仍是天才

一提到莫札特，相信大家都會想到「神童莫札特」或「天才莫札特」。

的確，莫札特是「神童」，也就是說，在人生的初期，即發揮與年齡不相稱的傑出才能的人。大家都知道：他三歲開始彈鋼琴，四歲就能在短時間內記住複雜的曲子並演奏出來，五歲開始作曲，七歲起至歐洲各地旅行演奏，能因應聽衆的要求做任何演奏，令人讚歎，十二歲時編成首部歌劇劇曲，這樣的早熟在西洋音樂史上是無人比擬的。

俗語說：「十歲神童，二十歲後只是普通人」，但莫札特二十歲後傑出的音樂才能絲毫未減，且隨著年齡的增長，作品更耐人尋味。

莫札特不是「暫時性」的神童，他是除了最初的幾年外，一生都能充分發揮才能，同時也能提高才能的音樂家。真可謂「十歲是神童，二十歲是天才，三十歲後是大天才」。

他在一封信上寫著，音樂像一張圖畫似地出現在自己眼前，將此抄寫在樂譜上便誕生了一首交響曲。或許在他的腦海裡或內心深處，音樂如泉源般地湧出，只要加以汲取就夠了吧！

莫札特音樂的獨創性是沒有人可以模仿的……，我跟許多莫札特迷一樣，長久以來都是這麼想。但是有一天，我經歷了不得不改變，對天才獨創性音樂家莫札特印象的震撼！

莫札特剽竊作品嗎？

那是莫札特去世後二百年，電台接連好幾天播放莫札特音樂的時候。某天我從FM頻道聽到所播放的音樂，我不禁懷疑自己的耳朵，當場便呆住了！擴音器所播放的，不是跟莫札特最後的作品『安魂曲短調』（K六二六）非常類似，且部分完全相同的曲子嗎？

『安魂曲』是莫札特作品中我最喜歡的一首，以往曾聽過無數演奏者的演奏（我最喜歡的是布爾諾・瓦爾達所指揮的紐約交響樂團的演奏），每一個音符都深印在我的腦海裡。這是一般公認莫札特最高傑作之一的名曲。凡喜好古典音樂的人，一定都聽過這首曲子，且一旦聽過，就必不會忘記那充滿魄力與無限悲哀的旋律。我認為這是唯有莫札特才寫得出來的音樂，是莫札特才可能創造出來的音樂，相信許多莫札特迷都跟我有同樣的想法。

總之，『安魂曲』是如實顯示作曲家莫札特個性與創造力的名曲。

但卻存在著與這首名曲非常類似的曲子。音樂播放完畢後，播音員告訴聽衆這支曲名及其作者。原來是米歇爾・海頓作曲的『安魂曲短調』。

若說約瑟夫・海頓，相信小學生都知道，但「米歇爾・海頓」這個音樂家的名字我還是頭一次聽說的。我立即翻閱百科事典，原來他是約瑟夫・海頓的弟弟，生於一七三七年，較莫札特年長十九歲，一八〇六年去世。『安魂曲』是他在一七七一年所完成的，而莫札特的『安魂曲』是在一七九一年作曲的。

也就是說，米歇爾・海頓的『安魂曲』，較莫札特的『安魂曲』早了二十年。我腦海裡隨即浮現「剽竊」這個字眼，接著又一連浮現了「借用」「模倣」的說法。天才莫札特真的有「剽竊」嗎？

曲調完全相同

凡是莫札特迷都熟知，莫札特『安魂曲』的完成是一件很繁複的事情。

在莫札特去世前五個月，一位陌生的男子來找他，請他做首安魂曲（為死者祈求冥福的鎮魂曲）。事後才知道原來這個人是位喜好音樂的伯爵，為了替亡妻演奏安魂曲而請求莫札特作曲，這個伯爵以前也曾將請人作曲的曲子，當成自己的作品來演奏。收到訂金的莫札特立刻著手工作，但，因病故至終仍無法完成。他死後，學生朱斯邁亞將遺留的片斷樂譜和手稿加以整理，而完成這首曲子。

現在我們所聽的莫札特的『安魂曲』，是演奏時間約五十分鐘的曲子，其中完全由莫札特所寫的是開頭部分，演奏時間只有幾分鐘而已，不過前半部分仍留下了記載主要旋律的短曲。也就是說，由莫札特所作曲的是前半部分，以曲部分的名稱而言，只到「悲哀節段」中途為止。因此，曲子到了後半時就突然變得「不像莫札特」了。我們平常所聽的就是它前半部分，但是與米歇爾・海頓的『安魂曲』極類似的，正是莫札特所寫的前半部分。因此，並非朱斯邁亞在整理的時候借用了米歇爾・海頓的曲子。

我為了了解莫札特跟米歇爾・海頓的『安魂曲』究竟有多類似，便想再重聽一次加以確認。於是查閱CD目錄，知道米歇爾・海頓的『安魂曲短調』已有錄製，便立刻訂購。但幾天後我收到通知，進口的CD已經售完了，目前尚無存貨。

錄成CD，並經由收音機播放出來，相信一定有不少人聽到了米歇爾・海頓這支『安魂曲』，而聽過的人應該會注意到它與莫札特的曲子極類似。我想音樂學家應該都知道這一點，於是翻閱各種關於莫札特的研究著作，不過沒有一本書觸及了這一點。

或許我的發現是音樂史上的一大發現吧，我覺得非常興奮，但，另一方面又想應該大家都知道才對，於是我越想再重聽一次米歇爾・海頓的曲子，以確認我自己的假設。我打電話給上野的東京文化會館音樂資料室，那裡典藏了大量的唱片和樂譜，雖不能外借，卻可用耳機自由地聽。以前當我還在讀大學的時候，有一段期間我很喜歡巴爾特克的曲子，幾乎把巴爾特克的曲子全聽過了。

所幸這個音樂資料室藏有米歇爾·海頓的『安魂曲』，終於，我如願以償了。我所聽的是由艾倫斯特·辛萊納所指揮的薩爾斯堡廣播交響樂團及合唱團的演奏。前半部分由八部分所構成，分別為合唱或獨唱，其中有六部分的旋律，任何人聽了都會覺得跟莫札特非常類似。唱片的封套寫著，莫札特熟知米歇爾·海頓的曲子，所以本曲與莫札特的『安魂曲』極類似，決非偶然的。

的確，兩者很類似。但是音樂所給人的感動卻截然不同，音樂的本質也有差異。雖然每一個音符都很類似，但海頓的曲子清新美麗，旋律和節奏也很平板，讓人覺得欠缺訴求力；而莫札特則刻畫深刻，輪廓清晰，非常有戲劇性。以圖畫來比喻的話，海頓就像勾勒好輪廓的底稿，而莫札特就像給與更清楚的輪廓，並予修飾完成。當然，海頓的曲子本身也是傑作，但與莫札特比起來立刻就遜了一籌。

不過，可以明確斷定的，若沒有米歇爾·海頓的這首曲子，也就沒有現在我們所熟知的莫札特的『安魂曲』。不可否認，莫札特確實剽竊了米歇爾·海頓，問題是需要「實證」。最好的方法是聽兩者的演奏錄音，如果不可能就只好出示樂譜了。

我得到了這兩首安魂曲的樂譜，比較後，試著用鋼琴彈出來。我可以確認聽唱片時感覺極類似的部分，就是我用鋼琴試彈的地方，不過若是隨意聽聽的高中三年級學生，或是聽過

一眼判明，莫札特的『安魂曲』與海頓的『安魂曲』類似

（上段：莫札特，下段：海頓）

一些古典音樂的孩子，是無法明白何處類似的。而且即使是用唱片聽時感覺類似的部分，樂譜也有很大不同。或許是我彈得不好吧，無法表現類似性來。但我發現，不管是誰，怎麼彈，有一部分光看譜面幾乎是完全相同的。我標出了這部分兩者的譜面。

請仔細看看，有鋼琴的人也請彈彈看。這是莫札特『安魂曲』開頭部分的旋律。

這個旋律我用鋼琴彈了好幾次。不過，我兒子說：「或許是偶然類似吧！」

真有這樣的偶然嗎？後來我買到了海姆特•里林格所指揮的海頓『安魂曲』CD，也請了幾位莫札特迷的朋友來試聽，每個人都認為跟莫札特非常類似。

究竟米歇爾•海頓是何人呢？他與莫札特有什麼樣的關係呢？

與海頓的「代作」「共作」的關係

對著名的約瑟夫・海頓的胞弟米歇爾・海頓，在世界最詳細的音樂事典『地球音樂事典』中有五頁半的記載。與莫札特有七十三頁，約瑟夫・海頓有八十頁比起來，真是相形見絀。他的名字在現代幾乎被遺忘了，這首曲子也幾乎沒有演奏的機會，不過他在生前的地位並不亞於這二人。

他二十六歲時就任薩爾斯堡大主教宮廷樂團的總指揮，此後至死的約四十年內，一直在薩爾斯堡大主教下從事演奏及作曲活動。他一生共創作了四十三首交響曲、三十九首彌撒曲、十二首弦樂四重奏曲，並有許多室內樂曲及合唱曲。不僅在薩爾斯堡或維也納，他在國外也非常有名。西班牙宮廷甚至請他作彌撒曲，也曾被選為瑞典王立音樂學院的會員。在十九世紀前葉，他的作品屢屢在奧地利、德國的演奏會上演奏著。

像這樣，米歇爾・海頓雖不及其胞兄約瑟夫・海頓，但在生前也被認可為傑出的作曲家。在此，我感興趣的是他與莫札特的關係。事實上，米歇爾・海頓跟莫札特父子關係非常親密。阿瑪迪斯・莫札特的父親里奧波爾德・莫札特較米歇爾・海頓年長十八歲，跟海頓同樣地也是薩爾斯堡大主教宮廷樂團的主要成員，他的兒子阿瑪迪斯・莫札特後來也成了此樂團的一員。也就是說，三人是在同一處任職的同事。

更耐人尋味的是，里奧波爾德・莫札特對米歇爾・海頓的才能有極高的評價，也將他的作品當成範本來教育兒子阿瑪迪斯，並要他練習。而阿瑪迪斯・莫札特也曾抄錄海頓的作品。要抄譜就得向本人借樂譜才行，由此可以想像他們之間的親密關係。

我再舉幾個例子，說明米歇爾・海頓與莫札特的親密關係。例如，莫札特也曾幫海頓代作作品。有一次，薩爾斯大主教命令海頓作出六首二重奏曲，海頓完成四首後，因病而無法完成其餘的兩首，如果不在期限內作完曲子的話，就會遭到解雇。在此之前，莫札特因與大主教發生爭執，而被解除了大主教宮廷樂團風琴手一職，這個職位便由海頓所兼任。但莫札特僅花了兩天的時間便幫海頓完成了二首二重奏曲，然後交給了海頓。此外，同一時候，海頓在某伯爵所主辦的音樂會上所演奏的交響曲，序奏部分就是莫札特所作曲的，這首交響曲直至二十世紀中葉都被認為是莫札特的作品。或許還有其他同樣的「共作」的例子吧！

這種「代作」或「共作」逐漸變為「借用」或「剽竊」是很可能的。

由許多人「借用」的作曲

由莫札特曾以米歇爾・海頓的作品為範本而練習來推論，兩者之間存在著師生關係。一般而言，學生模仿老師決非不尋常的事，現代研究莫札特的學者也指出，莫札特與米歇爾·海頓之間，確實有這種關係。

著名的莫札特研究學者亞爾夫雷特·愛因斯坦曾說：

「（一七六九年所寫的K一四一）合唱曲讚美詩是根據米歇爾·海頓一七六〇年所作的讚美詩。莫札特忠實地模仿這首曲子，幾乎每小節都有模仿的痕跡。」

愛因斯坦另外也指出了模仿或「類似」的地方，他說莫札特最後的交響曲，著名的丘比特交響曲（K五五一）其雄壯的最末樂章跟米歇爾·海頓某交響曲的最末樂章非常類似。一七八八年，包括這首丘比特交響曲在內，莫札特在短時間內便作出了著名的三大交響曲，而給與其作曲刺激的即是米歇爾·海頓。

但不可思議的是，熟知當時音樂界事情的愛因斯坦，竟完全沒有發現莫札特『安魂曲』與米歇爾·海頓『安魂曲』間的類似性。其理由我們不得而知，但希望將來的莫札特研究學者一定要注意這一點。

翻閱各種莫札特研究書籍，會發現除了米歇爾·海頓外，莫札特還跟其他作曲家「借用」或「模倣」。已有許多人指出莫札特向米歇爾·海頓的哥哥約瑟夫·海頓的借用處，莫札特跟海頓兄弟借用了許多。此外，莫札特模仿的對象還包括了約翰·克里斯提安·巴哈、菲利普·耶馬努耶爾·巴哈、格爾克等當時著名的作曲家。

也就是說，莫札特是向許多作曲家借用而創出自己作品的作曲家。

由莫札特與米歇爾·海頓的親密關係，及莫札特不僅從海頓，也從其他許多作曲家「借用」的行為來看，莫札特的『安魂曲』與米歇爾·海頓的『安魂曲』非常類似，且一部分完全相同，就決非偶然的了。

在這裡要注意的怎麼沒有「剽竊」問題，或侵犯音樂著作權的問題。莫札特怎麼沒有因「剽竊」海頓的作品而被控訴呢？事實上，當時是沒有音樂著作權這種想法的。在莫札特的時代裡，借用其他作曲家的構想，並不是什麼大過，況且這種情形也屢見不鮮。

超越範本的真正模仿

如上所述，莫札特模仿米歇爾·海頓和其他作曲家是不容否認的事實，但重要的是模仿的成果。即莫札特的借用創造出了什麼樣的音樂呢？

這個問題的答案很明白，現在我們所聽的莫札特的音樂就是答案。一九八二年去世的加拿大名鋼琴家格蘭·格爾德曾說：「創造的行為與模仿行為間的差距，經年累月後可能會變得很小。」但二百年後，原是模仿的莫札特音樂，現在卻成了創造性的音樂。雖說與米歇爾·海頓的『安魂曲』極類似，但仍不能改變莫札特『安魂曲』本身所具有傑出音樂的特質，及其給與聽者的感動。總之，兩人的『安魂曲』都是很好的音樂。當然，在莫札特的時代並非只有莫札特一位作曲家，另有許多作曲家創造出了多首的『安魂曲』，但二百年後只留下了莫札特的作品。這跟是獨創的音樂抑或模仿的音樂無關，留下的只是令人感動的音樂。

我又重聽莫札特和米歇爾・海頓的『交響曲』，並加以比較。莫札特模仿海頓是不容置疑的事實，但不可否認地，莫札特的『安魂曲』更撼人心絃，更令人難忘。的確，如果沒有米歇爾・海頓的構思，可能就沒有現在的莫札特『安魂曲』，也或許會作出完全不同的安魂曲來。但耐人尋味的是莫札特雖然借用了海頓的構想，卻將其修飾得更為完美。雖然模仿，卻超越了原作。愛因斯坦說，若將莫札特所利用的「範本」比喻為跳板的話，他實在是利用這個跳板使自己飛得更高、更遠，對此我深有同感。

莫札特不論利用那個跳板，都能飛得更高、更遠。雖然模仿他人的音樂，卻能加以超越而創造出莫札特獨特的音樂，這種能力就是莫札特的「天才」。

在此我們再重新想想，學習究竟是什麼呢?

「學習就是模仿」。認真的學生一定會模仿老師。說話方式、寫字的方式，甚至走路的方式都會加以模仿。這樣，學生就能逐漸接近老師了。

模仿要有「對象」。而對象可能是老師、範本。不過，學生也可能超越老師，或是做出比範本更好的東西來。就是所謂的「青出於藍更勝於藍」。

莫札特的「模仿」不單是依樣畫葫蘆，而是「青出於藍更勝於藍」。超越範本才是真正的「模仿」。以這個意義而言，莫札特真可以說是「模仿」的天才。

像記住話般地記住音樂

常有人說日本人有高明的模仿力，卻缺乏創造力，對這種草率的說法應該注意。這種說法認為模仿與創造力是對立的，但真是如此嗎？創造力究竟是什麼呢？不是有句名言「日光底下無新事」嗎？正如格蘭・格爾德所說的，模仿能力與創造能力是很接近的。

至少就莫札特而言，一般認為是他的獨創力的不外是模仿力罷了！他的才能就是學習的才能，模仿的才能。那麼，他是如何培養模仿的才能？

前面已說過，莫札特的父親里奧波爾德・莫札特也是音樂家，他親自為兩個小孩擬訂音樂教育計畫，並嚴格地實行。在莫札特出生時，年長五歲的姊姊藍妮露露已經開始了音樂教育，里奧波爾德則除了教授學生外，自己也在練習，因此，不難想像莫札特家裡，一整天都是樂聲飄揚的。在腦細胞最容易接受的柔軟時期裡，阿瑪迪斯就沈浸於音樂聲中。或許這也是他父親里奧波爾德教育計畫的一部分吧！

總之，阿瑪迪斯學音樂就跟學說話一樣。不用說，學說話最重要的是模仿的能力，由人學說話的過程我們就可以了解，模仿力正是人類所具備的最基本的能力。

而最有助於培養「模仿」天才的，是莫札特六歲至二十歲間數度的國外旅行。當時，他的故鄉薩爾斯堡在音樂的流行點上，尚是落後地區。爲了聆聽最新的音樂，莫札特到過義大利各地、巴黎以及倫敦。米歇爾•海頓幾乎從未離開過薩爾斯堡，因此，關於外國新音樂的知識，莫札特無疑站在較有利的地位。任何事物都不可能由零創造，豐富的知識才是創造的泉源。接觸過各種音樂，儲存有豐富音樂泉源的莫札特，只要有一點片斷的構思，就能譜出優美的旋律來。最能證明這件事的就是他最後的作品『安魂曲』。

莫札特多數的作品都跟『安魂曲』一樣，都是應人要求而產生的，幾乎沒有出自他自身內在衝動的作曲，他所關注的是要作出當時人所要的音樂。因此，他毫無顧忌地利用他人的音樂，而譜出獨特、優美的音樂來。我們可以說，如果沒有「模仿」，許多莫札特的傑作就不會存在了。

儘管如此，如果還不能接受這種看法的話，我想介紹美國哲學家艾默森的一句話：

「只有真正獨創的人，才懂得借用他人的東西。」

艾默森更說——所有的書都是引用的，所有的人都是引用古人的，要像蜘蛛般由自己腹中吐出絲來築巢是不可能的，最偉大的天才就是最能接受他人庇蔭的人。

莫札特正是這樣的天才。

超人的集中力

——牛頓

我在『偉人傳』那本書裡寫著，雖然不是人人都可以成為天才，但都可以成為偉人。最近，我注意到這句話需要加上一點註釋。

我想說的是，仔細觀察會發現偉人所具有的能力，一般人也充分具備，就這個意義而言，任何人都能成為偉人。但被稱做天才的人，卻具有普通人所不及的能力，大部分的人不管多努力都無法成為天才。

但多方研究天才後我產生一個疑問，他們所擁有的能力真的是「普通人所不能及」般地特別嗎?我認為天才的能力，應該是出生後經由某種方法所獲得、學習來的，只要明白這個方法，普通人也可以成為天才才對!因此，重要的並非是否能成為天才，而是了解世人所稱為的天才是如何培養其優秀能力。

這個樂觀的觀點，或許對做父母的在養兒育女上，青少年在求學上，老師在教導學生上，中老年人在運用閒暇時間上都會有所幫助。畢竟在人的一生中，還有什麼比培養優秀能力並加以發揮更快樂的事呢!?

發現與天才的共通點

英國物理學家兼數學家，完成十七世紀科學革命的艾沙克•牛頓（一六四二～一七二七）

，他是科學世界裡最高的天才，一般人認為不管再怎麼努力，也不可能獲得像牛頓般的能力。甚至有傳記作家說，牛頓是與普通人完全脫節的人，由普通人的經驗和看法來談論他是毫無助益的。牛頓似乎是與他人毫無共通點的人。

但是牛頓也是人。既然是人，就得活在與他人的交流中；既然活在與他人的交流中，就必具有某些與他人的共通點。

我的假設和推測是，雖然牛頓所建立的豐功偉業，不用說普通人，就連大多數傑出的科學家也不能及，但是，在這樣的過程中，是否有一般人也可能具備的某些共通點呢？如果曉得共通點是什麼，或許就會覺得與大天才牛頓稍微接近了。

這麼說或許各位會產生疑問，感覺與三百年前的古人接近有什麼意義呢？對此我的回答是，不僅是牛頓，感覺與天才接近多少有些好處。因為受天才的感化，就能察覺自己深處也具有某些優秀的能力，藉此或許就會想要加以發揮了。

牛頓發現著名的萬有引力定理，並經由物理學及數學的研究，開創科學歷史的新紀元，問他是如何有這些大發現呢？答案是：

「發現前我隨時都在思考。隨時將問題擺在自己眼前，直到一道曙光射進來，然後逐漸明亮，最後真正清楚為止，我一直都在等待。」

一言以蔽之，就是持續的集中力。對於某一問題，集中所有精神力一直思考著——這就是牛頓天才的祕密。

當然，集中力是大部分的人都能發揮的能力，沒有就無法有好的工作表現，完全沒有體驗過集中力為何的人應該很少吧！問題是集中力能持續多久，能夠像牛頓自己所說的，一直維持到一道曙光射進來，最後一切完全明朗嗎？

人類能夠連續集中精神於一項事物上多久呢？就我的情形，最久二、三小時罷了。能夠連續坐在椅子上四小時不動，真的是很偉大。

休閒中的大發現

牛頓究竟是發揮了怎樣的集中力，成就了怎樣的豐功偉業呢？我發現在他的一生中，有二次達到集中力的顛峰。

第一次是在他二十二、三歲的時候。當時，牛頓還是劍橋大學的學生。因英國黑死病蔓延，劍橋大學也暫時封閉，牛頓便回到鄉下度假。但這可以說是他創造性的假期。在這約十八個月的假期中，他獲得了名垂青史的三大發現。

三大發現就是萬有引力定理、微積分學以及太陽光線性質的發現，每一項都值得一位科學家畢生鑽研，而牛頓在短短時間內就有此三大發現。

我們簡單地談談這三大發現。首先，關於太陽光線的研究。牛頓經由實驗發現，太陽光通過三稜鏡後會分成七色光，而此七色光再通過三稜鏡時，又會恢復最初的白色光。說來簡單的實驗，在牛頓以前卻沒有人注意過。後來他以此實驗為中心，寫下了關於光性質研究的著作『光學』。

微積分學簡單地說，就是表示變化程度，用曲線求出含蓋面積的數學方法。不僅是數學，現在在物理學上也是敍述各種現象，例如，物體運動等的方法，對科學整體的貢獻實在是不可言喻。

據說這是牛頓在一六六五年夏天發現的，後來與德國哲學家萊布尼茲之間引發了是誰先發現的爭論。雙方都受到了誹謗和中傷，怒不可抑的牛頓深覺名譽受損，但真相似乎是兩人約在同時個別發現的。

微積分是萊布尼茲的稱法，牛頓稱之為「流率法」。

關於萬有引力定理的發現，有著名的蘋果從樹上落下的軼事，但，這只是牛頓在晚年時回顧當時，簡單告訴朋友的話，並不是那麼簡單地看見蘋果落下來便發現引力。當時牛頓一直思考的主題之一就是行星、月亮運動的問題。

當蘋果由樹上落下來時，牛頓想的可能是——蘋果會因地球的引力而落下，那月球不也是受地球的引力嗎？為什麼月球不會落到地球上來呢？

關於行星運動已有開普勒定理，而地上物體的運動則有伽利略的研究。牛頓因觀察樹上蘋果落下所激發的靈感，以這兩位前人的研究為根據，探索適用於地上物體與行星的法則。這樣的發現就是著名的萬有引力定理：兩物體的引力與二者質量的乘積成正比，與兩物體距離的平方成反比。

這三大發現正如牛頓自已所說的，「是隨時都在思考的」。但奇妙的是，儘管投注全副精力，牛頓卻毫無將這些大發現公諸於世的意志。關於微積分和光學，他曾寫了一些論文，並於大學授課（牛頓二十六歲時就當了劍橋大學教授），但重要的萬有引力定理卻二十年之久未予發表。

似乎是牛頓對自已的研究成果是否問世，能否得到聲名毫不在意。這是因為與萊布尼茲的紛爭使他被人懷疑，是他剽竊了萊布尼茲微積分學，令他非常憤怒的緣故。

牛頓集中力的第二次顛峰是距第一次顛峰約二十年後的事，關於這一點有這樣的軼事。當時英國有一六六〇年才剛成立的王立科學家協會，牛頓也是會員之一（後來成了會長）。有一次，協會事務局長福克（因「福克」定理而知名的科學家）在協會會長阿連及天文學家哈雷（「哈雷彗星」的命名者）的面前敍述天體是依引力與距離平方成反比的法則來運動的。福克也發現了牛頓所發現的事實，但不知道如何用數學證明。

哈雷想到了對微積分學等數學很有研究的牛頓，或許他能解明這個問題也說不定，於是前訪牛頓。對哈雷所提出來的問題，牛頓業已將敍述所發現的萬有引力定理，運動定理和天體運動的數學方法等寫成『自然哲學的數學原理』一書了。這個期間跟他最初的顚峰一樣，都是約十八個月。

『自然哲學的數學原理』是一本龐然巨作，其內容甚至專家也很難讀懂。這本開創人類科學新紀元的著作，在短短的十八個月內就寫畢，就其內容的複雜性和縝密度而言，科學史家說眞可謂奇跡。本書無異是超人集中力的產物。

而執筆本書時的牛頓又是如何集中於工作上呢？他的祕書和目擊的朋友這麽說：

當時他住在劍橋大學的教授宿舍裡，有傭人負責清掃並準備飯食。早上當傭人要進房間清掃時，常發現晚餐還沒有動過，於是食物最後便落入這位傭人的腹中。但對祕書而言，提醒牛頓吃飯，並讓他好好地吃飯是一項重要的工作。如果放任不管，牛頓就會忘了吃，忘了睡。忘了吃晚餐埋首於工作，並不是什麽特別誇張的事，而是牛頓的日常生活。當然，如果牛頓飢餓難耐也不得不吃，但常常都是囫圇吞嚥地。

腦海裡全數塞滿了工作，即使在庭院散步，當靈感浮現時，更會突然站住，飛奔回到屋裡，坐在書桌前把靈感抄錄下來。有時即使朋友來訪，也會專注於工作上，把朋友完全抛諸腦後。

想要有「大發現」就必需有普通人所無法體驗的集中力和孤獨。牛頓之後，在物理學上有「大發現」的愛因斯坦據說也有同樣的情形。愛因斯坦邊思索邊彈鋼琴，然後記錄所得，把自己關在書房裡什麼人都不見，三餐也都送到書房去，就這樣過了二週。有一天，他鐵青著臉走出來，「就是這個」把一張紙片放在書桌上，這就是相對性理論。這是電影導演卓別林在自傳中，敍述從愛因斯坦夫人那裡聽來的話。

牛頓也像愛因斯坦那般，需要有鋼琴這種極度精神集中的心情轉換。他在大學的中庭裡建了一個小建築物，平時就在那裡進行化學實驗。

對牛頓而言，進行化學實驗就是一種心情轉換，像凡人累了就發呆休息的行為，在他似乎是種難以想像的怠惰。這一點跟馬克斯埋首執筆『資本論』累了時，為使頭腦休息，轉換心情，便解高等數學問題的情形是共通的。

附帶一提，牛頓的化學實驗屬於中世紀所傳下來的鍊金術一類，因此，他死後所遺留下來的大量文書中，也包含了許多關於鍊金術一面的。注意到這一點的經濟學家凱因斯，更稱牛頓為「最後的魔術師」。

牛頓後來當了造幣局局長，但外傳這位局長一直從事將鐵、鋅等卑賤金屬變黃金的鍊金術研究，因此，關於他鍊金術的研究至死都是個謎。

此外，他也留下了大量關於神學和聖經的著作，在今天看來幾乎沒有研究價值的東西，他卻耗費了比物理學更多的精力。如凱因斯所說的，由現代的感覺而言，牛頓的實像實在太不可思議了。

牛頓必定是個對有興趣的對象會徹底專注的人。在我們思考他所具備的這種特性的背景前，我們先來談談他這種特性早就表現出來的幼年時代。

牛頓幼年時代最為人熟知的就是他在出神狀態下，屢屢表現出來的奇妙行為。

生於農家的牛頓，小學是騎馬上學的，有一次因為要通過狹路，所以他下馬牽著馬走。但是，通過狹路後他卻忘了要騎馬，甚至連韁繩滑落，馬跑走了也沒發現，就這麼握著韁繩回家了。另外還有原本打算煮蛋，卻把錶放進開水裡去煮的故事。

出神有許多種，像牛頓就是因精神集中於內面而出神。因為出神，中學時代的牛頓就被視為不專心、不用功的學生，剛開始時成績都是全班最差的。在寫給小孩讀的偉人傳裡，強調因為成績差而被人欺負的牛頓，有一次曾好好地修理那些欺負他的人，從此就產生自信而好好用功了，事實上也似乎如此。

當然，這不過是學校成績與天才的業績未必有相關關係的一例，但，也可以說明從幼年時代到壯年時代，牛頓都一貫地擁有超乎常人的集中力。

不過，這個發揮超人集中力的頭腦一時卻出了問題。那是牛頓五十歲的時候，在他寫給朋友的一封奇妙的信裡，顯示他有被害妄想，因此，精神錯亂的傳聞就傳開了。後來，由他擔任造幣局局長一職看來，病情應該只是短暫的，但他曾精神錯亂確是不能否認的事實。

至於他發病的時期有各種說法，以他寫完『自然哲學的數學原理』一書後，開始的說法較具說服力。即使牛頓也因用腦過度，而喪失了精神的平衡。雖說有「超人的集中力」，但要成為超人，或許也不得不失去人類的某些東西吧！

孤獨的產物

牛頓是如何培養「超人的集中力」呢？

最初的線索是他孤獨的幼年時代。

牛頓出生前三個月父親便去世，母親也在他三歲時改嫁給牧師，年幼的他便由外婆撫養長大。牛頓不能跟著母親，據說是這位牧師討厭小孩的緣故。八年後牧師去世，母親再回到他身邊，但這期間牛頓幾乎沒見過母親，也沒有玩伴，每天只是婆孫兩人相依為命。

和牛頓共度八年時光的外婆是怎樣的人，我們不得而知，外婆是寵愛他呢？還是嚴格地教育他呢？沒有任何線索。

三歲到十一歲這段期間，是形成人類性格非常重要的時期，同時，也是會強烈受到共同生活的人影響的時期，但他似乎沒有受到外婆多大的影響。牛頓性格的形成，尤其是對他「超人的集中力」素質的形成影響最大的，就是這段幼年期的孤獨體驗。

受孤獨之苦的不僅是老人，少年也會因孤獨而苦。幼年的牛頓是如何受孤獨之苦呢？這由他二十歲時回顧自己過去而記下的罪之告白就可了解。

「真想殺了父母，燒了這個家。」

「如果有人死了就太棒了。」

母親再嫁所住的教會，離牛頓婆孫兩人所住的家約二公里半，從家裡可以看到教會的高塔。我們可以推測當他注視這座塔時，便湧起這種險惡思想的心理。他可能認為自己被母親拋棄了，因此，憎恨母親，也憎恨奪走母親的那個男人。小孩是比大人所能想像地危險的存在，因為難耐孤獨，所以湧現了這種險惡的想法。

孤獨對人而言是個重大的考驗，而這考驗正是培育人類能力的絕佳機會。

在牛頓成長的家中，到處留下了他所刻畫的日晷，那是他被射入家中的日光角度之微妙變化所吸引而刻畫的，由此可知，牛頓幼年時的興趣與日後光學研究的關係。此外，據說他也很喜歡組合水車模型。

我們可以想像幼年時的牛頓，一個人毫不厭倦地埋首於使用手指的遊戲中，而他靈巧的雙手也使他日後琢磨透鏡、三稜鏡的工夫，絲毫不亞於倫敦的工匠。

像這樣，牛頓在孤獨的考驗中發現了打發無聊時間的方法，也了解了下工夫時不受任何人打擾，自己一人專注於某事物的樂趣。也就是說，不知不覺中養成了集中力。

當母親帶著與牧師所生的三位弟妹回來時，家裡突然變得熱鬧起來了，但牛頓業已成形的個性及行爲卻一點也沒改變。從小學到大學，甚至在大學任教的時候，衆人都公認他是沒有一位朋友，沈默寡言，思慮深刻型的人。目光專注於內心深處的人，是不需要朋友的，這等人最感幸福的是獨處，沈浸於自己所喜歡的事物上的時候。

牛頓幼年時代因被迫生於孤獨中，所以養成了此種生活習慣，而這也決定了他的生活方式。

自己一人就能滿足

「他一人就足夠了！還不知道有誰能這樣一人就足夠的。」

這是當時人們對牛頓之評語。他可以說是「自給自足的人」。他的三大發現是在他遠離劍橋大學，在鄉下老家，沒有跟人討論，也沒有人知道下進行的。如果沒有黑死病的流行，大學沒有關閉，而不能在故鄉度假的話，是否有此三大發現就頗令人懷疑了。

擔任大學教授後就得授課，而能獲得十八個月長時間完全自由的機會，在他八十四年又三個月的生涯中只有二次。在這長假中毫不厭倦地過著，跟幼年時代一樣的孤獨生活，正是牛頓的特徵。

牛頓這種喜好孤獨的特性，事實上是許多偉大的思想家、藝術家、被世人稱為天才的人之共通點。英國歷史學家愛德華•吉朋在『羅馬帝國興亡史』一書中，將這一點總括如下：「孤獨是天才的學校。」

這一點不僅是牛頓，從許多天才的言行裡都可得到證實。例如，發現相對性理論，改變牛頓古典力學的物理學家愛因斯坦就曾說：「想封閉在自己深處的欲求逐年加深。」守燈塔的工作對科學家而言正是理想的環境，他稱自己是「孤獨的怪人」。

這種對孤獨的偏好有時也形成了祕密主義，例子之一即義大利文藝復興時期的藝術家米開朗基羅。他的作品在製作過程中決不讓他人看，一旦開始工作就決不見人。他曾數度接受羅馬教皇的請託，但，即使教皇也禁止進入他的工作場所。據說有一次教皇喬裝成助手進入，被米開朗基羅識破後，就被投擲木板並趕走了。

牛頓的情形雖不似米開朗基羅，但就某個意義而言，是比米開朗基羅更厲害的祕密主義者。他並不是想把自己的研究成果當成祕密，只是無意予以發表。當然，他深知自己研究的價值，了解那是前人未曾想到的大發現，但，他似乎無意將其公諸於世，以得到世人的稱譽。雖是大發現，但只要自己明白就夠他滿足了。

牛頓的情形與其說是祕密主義，還不如說是疏離主義。也就是說，對他人疏離的態度正是牛頓顯著的特性之一。

這種疏離主義也希望他人對自己疏離。牛頓將研究成果視為祕密，正是為了想逃避與他人的關聯。事實上，他的恐懼是實際的。在他『自然哲學的數學原理』的第一篇及第二篇出版時，因萬有引力定理發現的先得權，招致了洛巴特‧福克的批評。知道這件事後，牛頓為了避免捲入這種心煩的事，便想中止第三篇的預定出版計畫。結果，因朋友的斡旋，待事情告一段落後，第三篇才順利出版。

但原本對牛頓來說，他並不在意這項業績是否受肯定，只要他自己了解就夠了！

終生孤獨

以前有項問卷調查「現在你最感興趣的是什麼？」我的回答是「人，尤其是女人」。當時我只是隨手寫寫，但仔細一想，人最感興趣的是人，不是理所當然的嗎？而男性對女性，女性對男性感興趣也是當然的。

但終生孤獨的牛頓不僅對人，對女性也毫無興趣。使許多男性的集中力混亂的最大因素即女性，有時是戀人，有時是妻子，她們使男性的心混亂、煩惱，無法專心求學和工作。牛頓的優點就是能從這種煩惱中完全解脫出來。

據說二十五歲是男性的心靈最易受女性攪亂的年代，但，這時候的牛頓卻完全不受攪擾，在孤獨中完成了前述的三大發現。

在牛頓的一生中，有可能成為他戀愛對象的女性，在他就讀高中的時代裡登場了。當時，牛頓離鄉寄住在一位藥劑師的家裡，據說與這家小他二歲的女孩非常親密。如果牛頓不進大學就讀，而照他母親所願當個農夫的話，或許就會跟這名女性結婚吧！這名女性似乎很關心牛頓，但牛頓自己所感興趣的卻是陳列在藥劑師店裡的化學藥品。由此所萌芽的對化學之興趣，日後就發展成對鍊金術的研究，始終都未轉移到女性身上。

在牛頓出生前十多年去世的英國政治家、科學家兼評論家法蘭西斯·培根，曾說過這麼一句話，似乎就是牛頓的寫照：

「有妻兒者要將擔保寄託於命運，因為她們是成就大事業的障礙。的確，最好的工作，對社會具有最大價值的工作是出自不婚，或沒有子女的人。」

法蘭西斯·培根本人四十五歲時結婚，這段話是他婚後所寫的，或許是他對結婚的反省吧！

哲學家中有笛卡兒、康德、尼采等未婚，但他們並非對女性沒興趣，因此，也非沒有因女性而集中力混亂。像尼采，曾向幾位女性求婚卻遭拒絕，而笛卡兒也有私生子。相對地，牛頓的一生中，卻沒有受到女性的影響，聽不到他跟女性的傳聞。

這時，不禁讓人湧起他是否體質虛弱的疑問來。事實上，他的身體較常人強健。他是早產兒，被人認為可能只能活幾小時，卻活到八十四歲，耳聰目明，只掉過一顆牙，八十歲前從未臥病在床。

個子雖矮身體卻很結實，因為用腦過度三十歲就白了的頭髮，到了晚年仍濃密得如銀光一般。他廢寢忘食埋首於研究，能夠集中精神就是拜這身強健體魄之賜。

像這樣，單身、完全不受女性煩擾，以及健康的強壯肉體，這兩者正是牛頓能充分發揮集中力，超越常人的有利條件。

挖得越深湧出越多

由集中力這一點來看牛頓天才的祕密，或許各位會有以下的疑問。真的只要有集中力就能產生偉大的能力來嗎?還是因原本就具有偉大的能力，藉著集中力而更加提高、發揮呢?

對此疑問首先我想舉出「熟能生巧」這句衆所周知的俗諺來。雖是衆所周知卻未必正確，不過我可以舉身邊幾個實例來證明這句俗諺是正確的。

例如，有的孩子光看汽車照片或實物的一部分，就能立刻說出車種來，也有的孩子能記住火車全線所有的站名，他們整天看著汽車目錄或火車時刻表便記住了。但，這不是記憶力好的緣故，而是因為熱衷專注就記住了。

集中力本身如何發揮神奇能力呢？關於這一點有「沙汪症候群」的例子。精神醫學家將有重度精神障礙的人發揮神奇能力的例子稱為「沙汪症候群」（「沙汪」是法語「有學問的人」的意思）。在達魯德・A・特雷法所寫的『為何他們具有天才的能力』一書中，介紹了許多這種有趣的例子。

例如，有人能立刻回答從過去到未來的四萬年間，某年的某月某日是星期幾，卻無法數數數到三十，而且也記不住才剛見面的人的名字。

有位少年並沒有真正學過音樂，但有一次聽了柴可夫斯基的鋼琴協奏曲後，就能立刻用鋼琴彈出來。此後，不管是什麼曲子，只要他聽過一次，就能毫無差錯地演奏出來。但是，他的眼是瞎的，吃飯時甚至無法拿刀叉。

也有的重度精神障礙者沒讀過書，卻有優秀的計算能力，例如「農夫養了六隻母豬，一年各生下了六隻母豬，以同樣比例增加的話，八年後有幾隻母豬」這樣的問題，心算十分鐘後就能正確回答（答案是七的八次方的六倍）。

為什麼他們能發揮這種天才的能力呢？研究者一致的見解是沙汪症候群的人，都只熱衷於自己所喜歡的、拿手的、感到快樂的事。

有些心算天才年幼時當能說到一百時，便津津有味地數著牛尾上的毛，之後數遍各種東西，並對各種方程式下工夫，享受解題的樂趣。這些人或許某一方面的智能太過發達，阻礙了其他能力的發展，而導致精神障礙吧！

也就是說，集中就能產生能力。人類蘊藏豐富的能力之泉，挖得越深噴出越多，牛頓和沙汪症候群的人都能證明這一點。

從女性學習的詩人

——歌德

高中時首次讀他的作品以來，我就對德國這位最著名的詩人約翰・渥爾夫岡格・風・歌德（一七四九～一八三二）究竟是怎樣的人深感興趣。

他的代表作『浮士德』我讀過三遍，每次重讀都好像接觸到新世界一樣，令我感動異常，我終於了解他為何要花六十年的時間來寫這本書。『少年維特的煩惱』我也讀了好幾遍都不覺厭倦。

像這樣，我親身體驗了歌德作品的偉大和趣味，他實在堪稱天才詩人。但是，我怎麼也不明白歌德本人。

歌德究竟是何許人呢?

他天才的祕密在那裡呢?

天才數度體驗青春

這位我持續關心三十年以上的詩人，對我而言就如同交情已久的朋友一樣，覺得與他非常親密，但仔細想想，卻又發現我並不能清楚掌握他是何許人。因此，我開始研究歌德本人，有一次我發現他對天才有這樣的詮釋。

「天才有好幾次，普通人只擁有一次的青春的經驗。」

青春是生命力的高揚，在這種生命力的異常高昂時期，是能完成某種畫時代性的工作。歌德這番話最讓我不解的是，天才有數度「青春」經驗的這回事。

天才真能數次經歷「青春」嗎？

例如，牛頓創造力的顛峰有二次，而一旦過去後就不再有第二次的「青春」來到。而且像牛頓這樣一生有二次「青春」的科學家非常少，通常都是只要有一次偉大的「青春」，有一次大發現就會被稱做天才了。

歌德的這番話應該是在說他自己吧！如果把它改成這樣，各位不知覺得如何？

「我有好幾次，普通人只擁有一次的青春經驗。」

事實上，這就是歌德一生的縮影，他的人生就是一連串反覆的青春，我覺得了解這一點後就能清楚地掌握歌德了。這一點沒有那一位天才比得上歌德，也沒有那一個男人堪與其比擬。畢竟，當他七十四歲時竟然還向十九歲的姑娘求婚。

薔薇與蘋果

花了六十年的長久歲月才完成的『浮士德』一書中，歌德寫道：「美麗的花總想自己摘取。」對歌德而言，不在於是那種花，而是摘了許多花，每當他摘花時就會寫詩。

對於從未寫過詩的我而言，詩人究竟是如何作詩的呢？我一直都有此疑問。大學時我曾跟文學社的朋友到海邊大學的宿舍去，當時，我不經心地提議，今天看海寫寫詩如何呢？立刻就被自稱是詩人的朋友駁倒。據他們那些詩人說，詩並不是像邊看海邊畫海那般寫出來的，寫詩時也未必要看海或上山。

那麼，詩究竟是如何產生的呢？此後詩人創作的祕密就像無解的謎盤旋在我腦海裡。有一次讀了艾卡曼所著的『與歌德對話』一書後，才稍微了解詩人歌德創作之謎。

歌德說：「詩全是機會之詩。」

這就是歌德的想法。創作詩的動機與素材必須由現實產生，而現實的特殊事件經由詩人之手，也就成了具有普遍性的。

「我的詩全都是機會之詩，全都是現實刺激所產生的。無根無葉所作出來的詩我不予評價。」

所謂「機會」就是在現實世界所體驗的事情，詩即是由此而生的。

歌德的這種創作態度我們再以另一種觀點來補充的話，就可以了解歌德此人的創造祕密及其生活方式了。

歌德的另一個天才觀，是天才具有將他人所提供的東西為己所用的才能，如果一切都要從自己這塊土壤所吸取的話，就無法產生偉大的天才了。

歌德說：「我是什麼？我能作出什麼來？我只是將所聽聞、所觀察的一切全部吸收，而化成自己的而已。我的作品是數千人培養而成的。」

在此耐人尋味的問題是，那麼歌德的作品是那些人培養的呢？由他自述一生感受過數度的青春高揚，說明這就是天才看來，答案就很明白了。在人生的轉捩所遇到的女性，就是歌德創作的動機和作品的素材。如果問我天才歌德是如何「學習」的，我會毫不猶豫地回答——他是經由遍歷女性而學習的。

在『浮士德』中，歌德說道：

見到薔薇就作詩，

見到蘋果便緊咬不放。

對歌德而言，不論是薔薇或蘋果指的都是女性。

手可以觸摸到的

人會經由一生的遭遇而學習，或是由經歷的教訓而生活，不過仍有拿手不拿手、適合不適合之分。例如，有的父母雖然養育了五、六位子女，卻一點也不了解小孩，也不疼愛子女；有的父母雖然只有一個小孩卻懂得愛小孩，也從小孩那裡學到許多事情。

一般而言，學習的方式或對象會依人的類型，也就是個性的特性而有許多不同。歌德經由遍歷女性而學習，當然跟他的個性有很大的關係。

瑞士心理學家卡爾·格司塔夫·容格以數種指標為依據，將人分為內向型或外向型，直覺型或感覺型等，而與學習方式有關的就在於直覺型抑或感覺型之別。直覺型的人傾向以直覺或靈感來理解事物，對抽象的事物毫不以為苦，所以數學多半很拿手。相對地，感覺型的人傾向要以手能摸、眼能見，且能自己嘗試的具體事物才能理解，不擅於抽象的議論，任何事物若不替換成有形有體的東西就無法適應。

當然，這一型的人對數學很感苦惱。

那麼歌德是屬於那一型的呢？由他的言行看來可以判定是感覺型的。他在自傳『詩與真實』中，回想少年時代在學校學幾何學時，熱衷將厚紙切成三角形或長方形的遊戲。

有位傳記作家說，每一個孩子都喜歡這種遊戲，但真的如此嗎？喜歡數學的我，孩提時代就沒想過這種遊戲。這種遊戲是不懂幾何學的孩子玩的，只要懂得幾何學，看到紙上畫的三角形就可以理解三角形是什麼了。少年歌德若不切下厚紙放在手裡把玩，就不了解三角形，這種理解方式正是典型的感覺型。

事實上，歌德很討厭數學，不，應該說他是不懂得數學的人，當然，也不擅長抽象思考，更與哲學無緣。他一位著名的詩人朋友席拉熱衷哲學研究，晚年的歌德甚至說席拉專注於哲學研究以致形銷骨立，實在是件悲哀。不喜歡抽象的哲學，而喜歡具體的地質學、礦物學的歌德，卻以收集各種礦石為無上之樂，據說他的家中就充斥著這種收藏。

對歌德來說，只有能用手觸摸到的東西才是真實的，而由他的言行看來，能用手觸摸到的最好東西不外就是女性。通常，人都是從他所關注的對象中學習，歌德向女性學習自是當然的。

歌德在『浮士德』的終了寫下了一句美麗的話：

永遠的女性

引導我到最高境地

歌德的一生就是這種讓女性引導至更高境界的故事，他的作品正是這種記錄。

美化經驗

歌德一生有幾位戀人呢?這是永遠的謎。而歌德自己在自傳和詩中提及其姓名的至少有十二、三人。他在自傳『詩與真實』中描述與這些戀人，從邂逅到分手的過程宛如短篇小說一般，每一段戀情似乎都為他長久的人生增添幾許彩筆。

最初的裝飾是他十四歲時與名叫格蕾特媽少女的初戀故事。這位在酒場工作的少女只把歌德當孩子看待，儘管如此，歌德仍稱讚她「美得驚人」。在天真無邪青春時代的初戀，常會朝著精神的方向發展，他寫道：

「我因為愛這名少女，所以開闢了美麗的新世界。」

過去的一切都是美麗的。歌德的自傳『詩與真實』事實上是將自己的經驗全部美化而成立的。不論真實或虛幻，或許他認為一切化為美麗的言詞就會成真吧!事實上，當歌德知道她只把自己當孩子看時非常憤慨，一直到他完全忘了她為止，心情都無法平靜，少年歌德應該不可能嚐到「美麗新世界」開啟的感動的。

總之，這段初戀雖然失敗了，歌德卻從中學習而成為情場上的高手。他雖說極力想將這段失戀的痛苦經驗從記憶中抹去，但直到六十歲撰寫自傳時仍然記憶猶新。

詩人晚年對待這段痛苦經驗的方法就是以言辭加以美化，而成為文學史上永遠的傳說。不僅是格蕾特媽的例子，歌德有將自己的戀愛故事予以美化描述，而使其成為如古代傳說般的傾向。

就這一點而言，已有多位評論家批評。

但是，歌德本人也有所辯解。他認為——將過去的事情予以美化呈現，不是一件最棒的事嗎？

事實上，仔細想想，這不就是詩人的工作嗎？誠如歌德所說的：「某種特殊的情形成為普遍性的詩作。」

冷淡的自私者

『浮士德』的第一部，敍述一名被主角浮士德引誘而後拋棄的女性，因殺害不義之子而處以死刑的故事。據說這是從實際的類似事件中所得的啟示，這也可以解釋成歌德對遍歷的多名女性所懷的懺悔心情。

我們所知道歌德至死都感歉疚的女性，是他二十一歲時所熱愛的鄉下牧師的女兒福里迪莉姬·布莉安。當時，布莉安十八歲，歌德是大學生。歌德第一眼看到她時就愛上了她，認為她是「鄉舍天空中耀眼的美麗星星」，終於，兩人海誓山盟。布莉安渴望和歌德結婚，但歌德卻棄她而去。

這就是事情的梗概，但，這樣的故事在歌德一生中卻屢見不鮮。歌德盛讚福星迪莉姬的言辭甚多，但，為何要棄她而去的重點卻沒有明確交待。只是說明當兩人分別時，他騎在馬上牽著她的手，看她淚水盈眶時，也明白了她的悲傷。

真是淡漠的寫法，冷淡的反應！

看這樣的分手方式會覺得歌德非常自私吧！他的朋友席拉就說他「難以理解、非常自私」，與福里迪莉姬分手時，不也顯露出這種冷淡、自私的一面嗎？

歌德由福里迪莉姬體驗寫下了幾首膾炙人口的詩，包括舒伯特作曲，人人朗朗上口的『野玫瑰』，另外一首『歡迎與別離』的最後是這麼寫的：

被愛是幸福的！
衆神啊！
愛人也是幸福的！

不論是被愛或愛人，感到幸福的全都是歌德一人。他從未想過對方，只是謳歌自己的幸福，歌德就是這樣的人。

後來當他回顧福里迪莉姬體驗時，他說道：「我頭一次覺得自己有罪。」我猜想這個罪的意識，可能就是他寫下大作『浮士德』的一個有力動機吧！

由特殊到普遍

學習的意義就是由經驗中創造。不論學什麼，如果只是自己了解，那學習就不算結束。就像歌德所說的「機會之詩」一般，以經驗為動機和素材，產生可見的成果後，學習才算結束。一有學習，就要尋求利用、表現。

就這一點，歌德實在是認真、勤勉的學生，一段戀情後一定會留下一些詩作或小說。在這種學習（或經驗）與創作的關係中，最為人知的就是『少年維特之煩惱』的例子。

身為法蘭克福達官貴人之子的歌德，於萊比錫和杜勒斯堡就學，獲得律師的資格，為了實習而來到威拉這個小鎮，在這裡邂逅了『少年維特之煩惱』女主角的雛型夏洛蒂・布夫。

那是與福里迪莉姬分手的第二年，歌德二十三歲，夏洛蒂（簡稱洛蒂）十九歲。小說裡敍述洛蒂已有婚約，但主角熱愛她，她也對主角有好感，最後主角對不能如願的戀慕絕望，舉槍自殺了。除了最後自殺的情節外，小說都是如實描述，女主角洛蒂的名字也是真名。

歌德說這是他知道與自己身處同樣狀況的朋友舉槍自殺後，所得到的『少年維特之煩惱』的構想。像這樣，以自己的體驗為依據寫詩和小說的不只是歌德，許多作家都如此，而經由遍歷女性學習的作家也不只歌德一人。重要的是，以自己的特殊體驗為依據，而創造出多人都會起共鳴的普遍事物。

經由學習，以知識這種普遍性事物為對象，文學作品也會因其普遍性而被推崇為傑作。以這個意義而言，與夏洛蒂·布夫相遇後二年所發表的『少年維特之煩惱』就是由「特殊」出發，經由「普遍」而成功的小說。這本小說一發表立刻成了暢銷書，「維特裝」也大為流行，甚至有不少人模仿維特而自殺了。另外，也出現了像『少年維特之喜悅』的模仿小說。拿破崙見到歌德時也說，『少年維特之煩惱』他讀了七遍。

歌德曾說，年輕時讀『少年維特之煩惱』不覺得是自己寫照的人是不幸的，對這番話真是於我心有戚戚焉，我發現書中有不少部分，與我自己所經歷的熱戀心理是完全吻合的。既有一位讀者起共鳴，百萬讀者也應該起共鳴才是。

但最近有年輕朋友說，讀了這本名著後並不覺得是自己的寫照，或許這樣的年輕人很多，不過，這是因為他們沒有熱切愛過人的緣故。在愛上女性就經常不可抑遏的歌德眼裡，現代的年輕人可能都是不幸的吧！

精神的危機

歌德因『少年維特之煩惱』的成功，二十五歲時就成了德國一流的作家，終生被稱做

『少年維特之煩惱』的作者。但當他晚年重讀此書時，卻因重溫本書所描述的「病態」而感到恐懼。維特就像使少年人心狂亂的精神性流行病毒一樣，而歌德自己也不能置身事外。

小說中洛蒂斥責主角維特對任何事都過於狂熱，只會毀掉自己而已，維特自己也認為自己再快活一點的話，或許在社會上就會遇到許多好事吧！而歌德自己就因重大的精神危機，擔憂會走上跟維特同樣的命運。

他在自傳中回顧當時的「病態」寫著：

「我經常磨利一柄短劍放在床旁，在熄燈就寢前就會試著看那鋒刃能否刺穿自己的胸膛。但因屢試必敗，最後我自嘲地放棄了這個憂鬱、愚蠢的行為，決心好好活下去。但是要活下去就非實行詩人的任務不可，為此，痛苦和不安便屢屢浮現在我眼前。」

在這樣的危機中歌德獲知朋友自殺的消息，這件事與自己的體驗相糾結，而寫下了『少年維特之煩惱』一書。也就是說，有自殺衝動，在自殺邊緣徘徊的歌德藉著寫小說而救了自己，而在這種極限所寫成的作品也特別感動人心。「感動人心的只有從內心發出者」或「如果自己沒有實際感受，是無法抓住人心的」，這句在『浮士德』中所寫的話應該是歌德的切身感受吧！

歌德因為寫『少年維特之煩惱』而迴避了精神的危機，但諷刺的是卻因此製造了許多自殺的年輕人。模仿維特自殺的年輕人並沒有像維特那般的煩惱，只不過是受他的風格所吸引吧！如果真因煩惱而自殺，又何必特意穿上維特裝呢？如果真的徹底經歷過煩惱，應該可以逃離自我毀滅才是！

那麼，歌德從他自己所說的「病態」體驗中學到了什麼呢？就是控制自己的激情，並且保護自己的心不狂亂。激情常與毀滅人的激流比鄰而居，不懂得閃躲的年輕人就會被吞噬而一命嗚呼。歌德從「維特體驗」中學習不被激情所誘，而安然度過餘生，晚年他回顧自己擔任威瑪刻場的舞台監督時，說：

「有許多令我心神盪漾的女演員，也有人來引誘我。但我都收斂自己，提醒自己到此為止。」

有豐富經驗的晚年歌德，最討厭的就是不能融入自己的世界，激烈到出乎預料的事物。他六十三歲時遇到了四十二歲的貝多芬，當他聆聽貝多芬用鋼琴演奏第五交響曲時，說：

「這音樂太棒了！如果大家齊奏的話可能屋子都會被掀翻了！」

對歌德而言，貝多芬的音樂是個極大的衝擊，可能令他想起了昔日「維特的體驗」吧！「維特的體驗」後，歌德更加謹慎、小心地學習。他提到這件事時說：「我為了創造世界獲得了許多，但沒有一樣是全新、出乎意料的事情。」

他由「維特體驗」中所學習的可見一斑。

變態的原理

像這樣，「維特體驗」是歌德一生中的大事，但回顧當時他的言行，可以知道事態的嚴重性是因他實際上是善變的人，與其說是感動還不如說是厭倦。因為當他傷心地離開夏洛蒂•布夫後，又立刻在寄住的朋友那裡開始了一段新戀情。他說道：

「當先前的熱情還未消褪時，又有新的戀情撼動心絃，這不是很快樂的事嗎？」

這次的對象是當時十六歲的少女瑪克西米妮亞妮，他們的戀情只持續了數週之久。之後，歌德回到了故鄉法蘭克福，二十五歲的他遇到了法蘭克福銀行家的掌上明珠，當時也是十六歲的依莉莎白•協尼曼，照例仍是一見鍾情。詩人受新激情所誘，寫下了『新愛情、新生命』一詩，歌頌道：

心啊，我的心啊，這是怎麼回事
我所愛的，我所悲的種子
全都煙消雲散
剪不斷

那魔法的線
輕彈絲線的那名女孩
不由分說地綁住了我
我在她的魔法圈中
只照她所說地去做
這真是奇怪啊！
愛呀！愛呀！放了我吧！

當然，愛是不會放過歌德的。歌德春天與她訂了婚約，但秋天就解約了。同年秋天，歌德來到日後他一生的定居地威瑪，在那裡，他遇到了夏洛蒂・楓・修塔茵夫人。她比歌德年長七歲，有三個小孩，但歌德的心很快就蠢蠢欲動了，他立刻寫下『寄與命運』一詩：

「妳在前世是我的姐姐，還是我的愛妻呢？」

當一段愛情放逐了歌德時，立刻又有新愛抓住了詩人，於是再誕生了新詩，這種情景在歌德一生中屢見不鮮。

像這樣，歌德的遍歷女性與詩作齊頭並進。而這裡我想談的是，在學問的世界裡他就像花花公子一般。當時的威瑪公國是人口僅六千的德意志小國，歌德受聘為領主的顧問參與國政，就任後便立刻著手舊礦山的再開發工作。這件事最後是失敗了，但歌德卻因礦山的實地勘查工作而對礦物學、地質學感到興趣，後來便熱衷收集礦石奇珍。此外，他也傾注全力研究解剖學、植物學、化學和色彩論等。

在解剖學方面，他發現了以往被認為只有動物才有，事實上人類也有其痕跡的「顎間骨」，這件事已於四年前由法國學者所發現。歌德因自己獨立進行的大發現竟未得到學者的重視，終其一生都很憎恨學者。

歌德的自然觀即使以現代的觀點來看，也是很獨特的。他認為生物有其基本，而經由各種轉換（變形）會衍生成各種生物。例如，植物的原型是葉子，動物則為椎骨（製造脊椎的骨）。當然，這種看法只是一位業餘研究者的假設，但耐人尋味的是，將自己生活方式的原理導入自然中的時候。歌德認為生命是不斷在轉換的，而經由遍歷女性就可形成新的自我，這就是他自己生活方式的原理。

對他來說，自然研究本身是鍛鍊自己、改變自己的有力方法。用他自己的話說，研究自然的意義就是：「使自己的感受性和判斷力不斷學習新的接受方式，或新的反應方法，使自己具有達到無限的可能性。」

對歌德而言，重要的是「完成自己」。一切的學習和經驗都是為此，不論是遍歷女性或耗費許多時間的自然研究，一切都是為此。

W的祕密

歌德所愛慕女性的一個共通點就是未必是美女，而且歌德盡量迴避太美的女性，以免受對方迷惑而失去了自我。能適度地煽起甜美的熱情，但決不會引起精神不安的女性就是歌德之所好，而成為他詩作的動機與素材的也幾乎是這樣的女性。

歌德三十八歲時所邂逅，而後同居的克莉絲汀亞妮‧烏爾皮烏斯，就是這樣的一名女性。他比歌德小十五歲，是威瑪造花工廠的女工。他們同居後第二年便生下了長子亞格斯特，但威瑪社交界的名媛一直都很鄙視克莉絲汀亞妮，認為像歌德這般地位崇高的人卻與下階層女性同居，實在是件醜聞。不過，後來兩人正式結了婚，共同生活了二十八年之久，直到女方去世為止。歌德努力地教育他這位目不識丁的妻子，但仍然沒有成功。

雖說是歌德，也無法改變自己最親近的人。人們背地裡中傷她是「床頭愛人」，不過歌德卻以她為素材，寫下了德國最偉大的抒情詩之一『拜訪』。那是描述躺在沙發上睡午覺的克莉絲汀亞妮，當歌德悄悄走進房間，看到她的睡臉——

眼瞼飄散著安祥

嘴唇隱藏著無言的寧靜
臉頰停留著愛意
胸前平靜地起伏
住著美好的天真

詩人深受這天真爛漫的睡姿所吸引，不忍叫醒她，悄悄地在桌上放著橘子和薔薇花便離去了。

真是充分表達了年屆四十之花花公子純真之心的詩！

歌德婚後仍未從戀愛的熱情中解放出來。他一方面擔任威瑪的國務大臣處理政務，一方面又頻頻外出旅行，經歷了數度的「青春」，有趣的是大致以七年為一週期。

在維也納遇到了年方十八的琳娜・海爾茲里普時，五十八歲的歌德寫道：「這不是愛的開始，而是愛的持續。」琳娜就是歌德晚年的傑作，長篇小說『親和力』的雛型之一。

七年後，在法蘭克福遇到了三十歲的瑪莉安・楓・威雷瑪夫人，依然不變地，在他晚年的傑作『西東詩集』中歌頌道：「這是真的嗎　星星又再度激動我的心　在慌忙離去的夜晚像是地獄　像是煩惱。」接著，七十二歲時，在他經常前往的度假勝地馬利安巴特，遇到了十七歲的少女烏莉凱・雷威茲。在『熱情三部曲』中，歌德寫道：「如果給人生氣的是愛，那麼我就是最好的證據。」歌德問醫生自己這把年紀結婚，對身體不知是否有害，當醫生告訴他不用擔心時，二年後便託人向烏莉凱求婚。歌德的求婚立刻喧騰一時，不過原本就無意結婚，後來當了修女的烏莉凱拒絕了這個求婚。

歌德在八十二歲生日前一個月，完成了長篇巨作『浮士德』的第二部，而他這種始終不曾枯竭的創造力泉源就是數度賜以生氣的「青春」。年輕又有生氣，就會產生學習及創造的慾望。而對歌德來說，給予他年輕及生氣的女性就是創作的原動力。

歌德臨終前所說的「再給我一點光」，是大家都知道的，據說是因為看不清楚所以希望屋子亮一點，在那時刻當然也是一句「機會之語」。不過讓我感到興趣的不是這句話，而是他指著被子上所寫的W這個字。有人說這是歌德名字渥爾夫岡格（Wolfgang）的W，也有的解釋成世界（Welt）的W，但我推想可能是女性（Weib）的W。這不是最能總括歌德一生的字嗎?因為歌德的一生其實就是圍繞這個W的故事。

再度引用『浮士德』最後的一句話：

永遠的女性（Das Ewig-Weibliche）

引導我到最高境地

讀書家皇帝

——拿破崙

工作狂

世界史上著名的英雄常有神話或傳說伴隨著。像法國皇帝，建立歐洲一統帝國的拿破崙•波納帕爾特（一七六九～一八二一）就有各種的傳說。

例如，拿破崙一天只睡三個小時乃衆所周知的傳說。但當我就讀小學時頭一次聽到這個傳說以來，我就一直懷著疑問，一天只睡三小時似乎不是人做的。

這個傳說在十九世紀末就廣為流傳，明治初期的細菌學家野口英世年輕時也崇奉拿破崙主義，一天只睡三個小時，拼命努力用功。野口英世的言行多半有炫耀之意，我不相信能一直遵行拿破崙主義。拿破崙真的每天只睡三小時嗎？我一直不以為然。

拿破崙一天只睡三小時的傳說究竟從何而來，我們不得而知，但想必是善於欺哄的傳記作家所想出來的吧！

據他身邊的人說他一天要睡七小時，且下午常會打瞌睡；也有人說他比普通人睡得更多。不管怎樣，這位英雄似乎也跟凡人一樣，夜晚要有充分的睡眠。

拿破崙獨特之處不在於睡眠時間短，而是隨時隨地想睡就能睡的特技。據說在戰場上他一坐下來，即使砲彈齊飛，也能睡著。

總之，拿破崙一天睡眠三小時的傳說是沒有根據的。不過，任何謠言或傳說都有其起源，會有這個傳說可能是「工作狂」拿破崙一天經常工作十八小時的緣故吧！

拿破崙對自己的工作情形是這麼說的：

「我努力地工作，慢慢地思索。看起來我似乎隨時都能回答各種問題，面對任何情況時都已經有了準備，但，事實上事前我會長考一番，也預測可能會有什麼事態發生，並不是突然表現出我的天分的。不論是晚餐時或上劇場時，我隨時都在想著工作，晚上也工作到很晚。我是為工作而生的。」

拿破崙是「工作狂」，是許多同時候的人可以見證的。「二小時可以做完的事，我決不會拖到第二天」，這番令凡人刺耳的話的確令人難忘。每當我想起拿破崙的這句話時，就會回想起以往在公司工作時，曾聽客戶這麼說：「工作能力就是能立即處理眼前工作的能力」，我一直反省自己，似乎還未能達到這個境地。

或許在拿破崙的時代裡，「工作狂」只能令人感到敬畏和驚讚吧！總之，拿破崙的部下都對上司猛烈的工作態度感到驚訝，由這一點看來，即使不刻意誇張一天睡三小時，拿破崙在當時人們的眼裡也是異樣的人物吧！

即使再多加幾個這類的形容也不足為過。

向「不可能」挑戰

拿破崙另一個著名的傳說就是「在我的字典裡，沒有『不可能』這三個字」。同樣地，這個傳說的典故是無跡可循的。不過，這句名言確實不是傳記作家的杜撰，而是拿破崙曾說過的類似的話。

西班牙戰爭期間，偵察回來的上校報告說：「要突破這山道是不可能的。」拿破崙便答道：

「不可能？我沒聽過這樣的話！」

或是，

「法文沒有不可能三個字。」

或，

「不可能是膽小鬼的幻影，是怯懦者的逃避所。」有這樣的傳說。

彙集西方偉人、英雄、天才等的言行教訓所撰成的斯邁爾茲的『自助』一書中記載，拿破崙曾說：「『不可能』這三個字，在我的字典裡找不到。」

的確，拿破崙一生都向「不可能」挑戰。他向平庸的政治家、軍人逃離之處前進。遠征義大利時，他開闢了阿爾卑斯山險峻的山道讓軍隊前進，這種將普通人認為不可能的化為可能，就是拿破崙做法的一例。

總之，拿破崙不僅令同時代的人，也令後世的人驚讚。見過拿破崙的歌德說：「這才是人。」在托爾斯泰詳細描述與拿破崙戰爭的『戰爭與和平』一書中，有不少崇拜拿破崙的俄國軍人和貴族，由此可知除了英國外，全歐普遍崇拜拿破崙的情形。此外，在描述有關拿破崙的書中，一定會出現「天才拿破崙」這句話，究竟他的天才表現在何處也不必想了，拿破崙彷彿一開始就是天才似的。

或許是這些書的作者都對拿破崙知之甚詳，感覺他就在身邊似的吧！

但對我而言，拿破崙並不是這麼親近的人物，他不過是歷史上的名人之一罷了！例如，前面我們談過的莫札特或歌德，如果說他們是住在附近我所熟識的叔叔，那麼拿破崙就像一年才在路上碰面二、三次的小鎮隱居者。或許是因為交情尚淺的緣故，所以究竟他是怎樣的人，有多偉大，老實說我也不知道。曾擔任拿破崙政權外交部長的塔雷朗說：

「拿破崙是不世出的天才。他的精力、想像力、智力、行動力等都是天才。他的一生是這一千年來最讓人驚讚的。」

不過，我一點感覺也沒有。

說拿破崙是千年才有的天才，由外交辭令的天才塔雷朗說來，或許是過於褒獎了，但以謀略和毒舌著稱的塔雷朗竟能說出這番話，也可以了解拿破崙確是非凡的天才。

新戰術的發現者

那麼，拿破崙是怎樣的天才呢？

回顧他的一生，查閱當時的歷史事件，最讓我們印象深刻的就是拿破崙是個戰爭天才、不論是戰爭天才抑或軍事天才，是否堪稱為「天才」這個問題我們最後再談，但身為軍隊元帥的拿破崙，其戰術不僅是當時人，連傳記作家、歷史學者都不吝以「天才」來形容。的確，拿破崙軍隊所締造的輝煌戰果是不容否認的歷史事實，不論是「六日六連勝」或「十二個月有一打的勝利」都喧騰一時。這是由當時的戰爭記錄來看，堪稱奇蹟的連戰連勝記錄，因此，被譽為亞歷山大大帝以來的軍事天才。

亞歷山大大帝在西元前四世紀時建立了從馬其頓到印度的一大帝國，之後，二千年來只出現了拿破崙一位軍事天才。

不論是千年中的一人抑或二千年中的一人，總之，軍事天才是隨時都能戰勝的司令官。拿破崙自從二十六歲被任命為義大利遠征軍司令官以來，包括中間三年的和平時期在內，至他四十六歲時在最後的滑鐵盧一役失敗，被放逐到聖赫勒拿島為止，一直在戰場上奔馳。

究竟歷經了多少的戰役呢?對這一點拿破崙記得很清楚,在聖赫勒拿島上時他做了這樣的總結。

「我歷經了六十次的戰役,不過除了第一次的戰役學到東西外,其餘都沒有學到什麼。」第一次戰役就是遠征義大利之戰,當時拿破崙以三萬八千軍隊擊潰了八萬敵軍。

原來如此,因為拿破崙擊敗了超乎一倍以上的軍勢,所以他是天才——光這麼想並不能明白什麼。其實,拿破崙軍事天才的祕密很單純。

他說:「所謂軍事學就是計算在給與的地點裡,要投入多少的兵力。」

這個計算的答案就是要投入比敵人更多的兵力。因此,必須預測敵方集結於某地點的兵力,若能正確地預測,一旦投入較敵方更多的兵力就必勝無疑,這就是拿破崙的兵法。只要士氣和武器沒有很大差距,勝敗以人數來決定是自古不變的戰場邏輯。問題是戰鬥地點對決兵力的差距,不必隨時都投入所有的戰力,只要能按照計算集結軍隊加以移動的話,就可以擊敗多出一倍以上的對手了。某位參加義大利遠征的兵士在從軍記中說道,這次驚人的勝利全在於天才拿破崙正確的部隊移動。

由此可知,拿破崙是如何地正確計算,並按計算地移動軍隊。

這種兵力的集中與機動力在飛機運用於戰場前,第一次世界大戰前後為止,一直是基本的戰術論,而首先發現這種戰術並加以實踐的就是拿破崙。

當時，與拿破崙同樣在軍校就讀的軍人有很多，但為什麼只有拿破崙發現了新戰術呢？

在此，就產生了天才是如何學習的重要課題來。在巴黎陸軍士官學校學習軍事的拿破崙，他的成績並不能讓人預感未來天才般的傑出。通常二年才能修完的課程，他一年就修畢了，這一點獲得了許多稱譽，但五十八人內排名四十二的成績，當時尚未有人能預料他輝煌的未來。或許，像戰爭天才這種事是沒有人能預測到的。

拿破崙曾說：「在戰場上，所謂天才就是在事實中思索。」以企業界用語來說的話，就是工作即學習——這一點拿破崙是如電光火石般地學習的，也就是「瞬間學習」。在最初的「工作場合」，他學到了戰爭「工作」的一切，發現了以往不為人知的方法，並加以實行，後來就沒有什麼好學了。

如果公司裡都是這樣的職員，那主管就輕鬆了，凡事都學，什麼都想學。

「埃及學」的開始

拿破崙的一生大部分都耗費在戰場上，不過他的才能並不只發揮在戰場上。他對應和平能力的卓越，由戰爭期間和平時期他的所作所為就可了解。

遠征義大利後接著是遠征埃及，這時拿破崙與其說是遠征軍的司令官，還不如說是一國的統治者，他發揮了全般的行政能力。這是因為當時任命他為司令官的法國革命政府，並未想到他有如此遠大的野心。這個野心就是重建二千年前，亞歷山大大帝所建立的由埃及到印度的大帝國，遠征埃及就是此出發點。當時，拿破崙二十九歲，已是亞歷山大大帝統治印度後的年齡。而與繼承王位的國王不同地，由一介砲兵少尉升進的拿破崙表現並不理想，因他快速的竄升，剛開始時要命令比自己年長的麾下將校並不容易。

遠征埃及結果是失敗了，但拿破崙在埃及所發揮的統治手腕，卻表現出與軍事天才截然不同的能力來。為了制定租稅法而進行不動產調查，制定鄉鎮議會、任命行政官、創設警察、建設道路、學校、醫院、美術館等——也就是說，進行建設一國的工作。在此，更重要的是拿破崙具備了完成這一切，並予管理的知識和能力。

另外，拿破崙與埃及的關係，有一點我們不可忘記的，是與遠征埃及同時的「埃及學」，這門新學問的開始。看他帶了二百名各個領域的專家前往埃及，就可以知道他不僅要與埃及作戰，也以埃及為學問的對象。

拿破崙在金字塔前說：「四千年俯視著諸君。」以激勵士兵是衆所周知的故事，但接著他又說：「用這三座金字塔蓋成高三公尺、厚三十公分的牆壁的話，就可包圍全法國了。」就是借用相隨而來的數學家的計算能力。

拿破崙由埃及帶回了許多東西，其中之一是「羅塞塔碑」，上面雕刻著意義不明的文字，後來經由法人香波里昂加以解讀，而開啟了「埃及學」這門新學問。直至目前為止，這仍是世界學問史上重要的項目之一。

建立大帝國、新國家的統治，以及學術研究——這與二千年前亞歷山大大帝所做的完全相同。

亞歷山大大帝以古希臘的哲學家亞里斯多德為家庭教師，學習各種事物，遠征印度時也有許多學者同行，將新土地的見聞報告亞里斯多德。

例如，亞里斯多德認為尼羅河的源流在印度，但接到亞歷山大大帝目擊約旦河流入海的報告後，便訂正無法親自確認的古代地理觀。

亞歷山大大帝在陸續征服的土地上建設新國家，對異教徒採取寬容的宗教政策，這一點拿破崙在埃及的宗教政策就是模仿亞歷山大大帝。

拿破崙統治法國後，制定了現在仍沿用其名的民法『拿破崙法典』，訂立了形成現在巴黎骨架的都市計畫，建設道路網，總之，就是創立了現代仍持續的新法國。所以拿破崙不僅是軍人，也顯示了身為政治家的才能。

那麼，戰爭也好和平也好，驅動拿破崙的是什麼呢？

只有一種，就是野心。

拿破崙說：「野心是人類主要的原動力。」他勤勉好學並非有什麼好奇心，而是出自想建立大帝國的野心。

孤獨的野心家

拿破崙一七九九年三十歲時發動政變，成為法國實質的統治者，後來距王朝制被推翻的革命不過十多年便自立為帝，這若不是有野心的人就做不出來的。他是個非凡的野心家，在十五歲時，從巴黎陸軍士官學校時代以來就歷然可見。學校教官對拿破崙有這樣的評價。「沈默寡言，喜愛孤獨，彆扭，極端自我，能做有力回答的學生，也能立即回答。自尊心強，想要一切的野心家，是值得注意的青年。」

自我、自尊心強、野心家——是政治家常有特徵的組合，但十五歲時就已經是「想要一切的野心家」就非平凡的野心家了。因為這緣故，通常二年才修畢的學業他一年就畢業了。不過，學生時代的拿破崙並不是勤勉的學習者，他勤勉學習是在軍隊服務之後。學生時代的拿破崙，給人的印象是臉色暗沈、性格陰鬱，瘦弱矮小的男子。

在拿破崙的傳記中，幼年時代一定會登場的軼聞就是——校園一角，是每個學生各畫一區域栽培蔬菜、花草的場所，常被大家欺負的拿破崙卻一人關在這裡的小屋裡讀書。野心家有陰暗的一面，拿破崙就是最好的例子。他的許多幅肖像畫，瀰漫著某種陰暗的這一點是共通的。少年時代的拿破崙不跟人玩，喜歡一人散步，經常陷入沈思中，而這種情形長大後也幾乎沒變。他在班上是最矮的，長大後身高依然在平均以下，且非常地瘦，因此被人嘲諷是「穿長靴的貓」。

像這樣，擔任司令官，站在士兵面前的拿破崙，很難讓人想像是位英雄。一位跟隨二十六歲義大利遠征軍司令官的士兵，在從軍記中這麼寫著：「容貌、態度、舉手投足一點也不吸引人。當時的拿破崙給我的印象是矮小、瘦弱、臉色蒼白、大而黑的眼睛、削瘦的雙頰、垂肩的長髮。」

這位士兵說，革命後不久的當時，一般認為軍隊將領的肉體比軍事能力更重要，拿破崙在這一點明顯是居於劣勢的，因此，被人認為欠缺軍事能力。但最初一戰，拿破崙就發揮了才能，這位士兵說：「像是要從我們身上引出更多的力量似的。」

使人動的不是臉而是頭腦，而拿破崙的頭腦有「引出頭」之稱。不僅是戰爭、法律、財政、商業、文學等各種知識，拿破崙都能整理，並隨時因應必要取出使用。此外，他也能縝密地思考，議論時不會輸給任何人，便有優秀的決斷力和實行力，誰也不能阻止他的野心。

究竟他是如何培養「引出頭」的呢？

答案很簡單，就是多讀書。

天才的秘訣＝讀書

不論古今，最好的學習法就是讀書。盡可能多讀，並且盡可能廣泛閱讀。被人稱為天才的人，並非天生具有什麼不可思議的能力，而是讀了許多書，腦海裡儲備了許多知識，因而能防備在世界所遭遇的未知現象，並且發現從未有人察覺到的真理。

德國哲學家蕭本哈瓦說，讀書就是思考他人所思索的，如果光讀，頭腦的功能就會變得遲鈍。

大部分的人讀書時一定會有所思考，而藉由思考受到刺激的頭腦就能發揮偉大的作用。這樣就是學習，而所謂天才就是忠實地這麼執行的人。

拿破崙從幼年時代到他生涯的終點都是貪婪的讀書家，而最能專心讀書的時候，是巴黎陸軍士官學校畢業，在軍隊服務的十六歲後幾年間。我由自身的經驗推測，通常在這時期養成集中讀書習慣的人，終生可能都離不開書本。

拿破崙在這個時期「像是要讀遍書店的書似地」，貪婪地閱讀，且不光是專門的戰術書或砲術書，而是遍及歷史、地理、法律、數學、文學等各個領域。數學自他學生時代起就是最拿手的學科，在航向聖赫勒拿島的船上，他也熱衷解答數學問題。在法律的領域，當他被命禁閉時，一天內就讀完了六世紀所著，後來成為歐洲各國法律原典的大作『法典』，別名『羅馬法大全』。日後，當新憲法和民法起草時，他能展現不亞於法律學者的法律知識，就是拜讀書之賜。

拿破崙見到歌德時說他『少年維特之煩惱』讀過七次，令文豪深受感動。而他不僅愛讀文學作品，年輕時也寫過幾篇小說，雖說不是什麼偉大的小說，但由他寫給妻子約瑟芬的信看來，就可以了解他的文筆頗佳。

但更重要的是，他不是讀過就算，而是把要點、感想等記下，做成簡明的讀書筆記。寫能使人更深入思考。如果說思考最好的方法是寫東西，讀書為次善之策的話，那麼讀書並記筆記，就是最高明的學習方法了。

不論是在戰場上或統治一國，拿破崙都能發揮令人驚讚的能力，就是因為他旺盛的閱讀，鍛鍊了判斷力，儲存了大量情報之所致。拿破崙天才的祕訣就在於讀書。

對拿破崙而言，讀書不僅對軍事和政治有益，在歷史家和傳記作家的眼裡，他還是當時最具學識和教養的人物之一。當時的人也對他的學識有很高的評價，而其證據就是一七九七年當他掌握權力前，被評選為法國學士院的會員。

拿破崙本人最感誇耀的不是身為軍人，而是被認可為文人，在他下達給軍隊的命令書中，也一定會註明「法國學士院會員」，可見他對此頭銜之重視。

被放逐到聖赫勒拿島後，在他生涯的最後六年裡他也勤於讀書，書庫裡的藏書多達三千冊以上。

名言

要成為一位小說家必要的修養是多讀、多寫。拿破崙的確讀了很多，寫了很多，但還不算是小說家，不過他卻留下了許多名言。例如，「訓告士兵」等短篇文章，可以從中看出拿破崙文筆之佳。

首先我們來看個實例，是拿破崙在義大利戰役時，首次指揮軍隊時的訓示。

「士兵啊，諸君的糧餉不多，政府虧欠諸君甚多，沒有什麼可以給諸君的。諸君的忍耐，以及在這些岩山中所發揮的勇氣著實偉大，但卻無法得到任何名譽或光榮。我想帶諸君到世界一沃野去，那裡有富庶的地方和廣大的都市，諸君在那裡就可以得到名譽、光榮和財富。義大利的遠征軍的士兵啊，諸君的勇氣和耐力是我們不可少的。」

拿破崙這段「名言」會令人立刻想起一九○○年，英國南極探險家亞涅斯特・夏克爾頓在倫敦報紙上所刊登的求才廣告。

「徵求探險隊員。至難之旅，菲薄的報酬，極寒，長久黑暗的月日，不斷面臨的危險，無法保證生還。但成功時可得名譽及讚賞。」

困難的工作、微薄的報酬及不容樂觀的狀況，但有名譽及光榮的可能性——這句話使人振奮。正如夏克爾頓所說的：

「全英國的男子似乎都想成為我的同志似的，反應極為熱烈。」

拿破崙也獲得了同樣的反應。撼動人心，將人誘導至既定的目的(戰爭或求才、購買商品等)，在這一點上，軍隊司令官的訓示、求才廣告、商品廣告都是一樣的。

再介紹一則拿破崙的名言。是一八〇五年艾斯提里茲一戰，擊敗俄奧聯軍獲得壓倒性勝利時的「士兵訓示」。

「士兵啊，當確保我們祖國幸福、繁榮的必要工作全都達成之際，我就帶諸君回法國。在故國，諸君會受到我的上好禮遇，法國國民也會歡迎各位。當諸君說：『我參加了艾斯提里茲一役』時，就會得到這樣的回答：『啊！這人是勇士！』。」

聽到元帥這麼說，相信每位士兵都會變得精神百倍，拿破崙真是懂得掌握人心的天才。否則，一介砲兵少尉又如何成為一國的統治者呢？

拿破崙如何巧妙掌握人心，這由他逃離艾爾巴島前往巴黎途中所發生的事就可得知。當時，他面對前方擋住他的士兵，一個人挺身而出，解開胸前的釦子，說：

「士兵們，你們想要我吧！諸君當中如果有想要殺害皇帝的就來吧。我在這裡！」

突然，「皇帝萬歲！」之聲此起彼落，衆人都和拿破崙合流了。

要掌握人心就得看穿人心，而要看穿人心就要知道人在想些什麼。拿破崙洞察力之高，由一八〇二年制定雷吉友・德努爾勳章時，他在議會所陳述的一番話就可得知。因制定勳章會讓人想起舊王朝制，不符合革命時代，所以有不少反對意見。他的辯駁是：

「法國人雖經十年革命仍未改變。他們只有一種感情，就是名譽的感情。因此，必須給予這種感情糧食。他們需要榮典！看法國國民在外國人勳章面前如何謙卑就可以了解了！」

看穿人心的觀察力、使人心醉的巧言巧語，此外，極有助於掌握人心的，就是那炯炯有神的大眼睛。關於他平凡的容貌前面已經談及，不過他那雙大眼睛卻有懾人的魄力及魅力，這是當時人所公認的事實。

沒有良心的理智

拿破崙拼命學習，發揮天才，創造了歷史。他的確扮演了一個特殊的角色，我也很了解崇拜拿破崙人的心情。

但是他的「天才」究竟是為何而發，為了什麼目的呢？世上有聰明的人、工作能力強的人、善於掌握人心的人、善於推銷的人等等，但不過都是為了糊口而已，而「天才」就不僅於此了。「天才」要超越自己所有，要在世界上留下某些東西才行。

拿破崙對天才有這樣的定義。

「所謂天才，就是為了照亮世紀而燃燒的流星。」

的確，拿破崙從十八世紀到十九世紀初的十多年間一直發光、燃燒著。

拿破崙似乎因成為照耀時代的流星而滿足，陶醉在自己的「天才」裡，但也有人認為這名「天才」，結果只是給歐洲帶來戰爭，使戰亡的人數增加而已。法國著名的歷史學家米休雷說：「禮讚拿破崙無異是暴力崇拜。」對此我也深有同感，據說，因拿破崙戰爭而喪命的法國人有數百萬。拜拿破崙戰勝之賜，敵我兩方都失去了無數條的人命。法國人真的忘了這一點，而天真爛漫地崇拜拿破崙嗎？

拿破崙認為自己是「狀況的產物」，是「命運之子」，並按此認識努力，為了達成自己的野心不惜犧牲歐洲。

拿破崙自己就曾說：「冷靜、透徹是支配者的最大資質。」包括當時的人在內，分析者一致地指出他的冷酷、自私。

日本某拿破崙研究者甚至說：「拿破崙為了滿足自己的自私和野心，把人當成可以利用的廉價道具。」

哲學家蕭本哈瓦則從支配世界的是無關善惡的意志之哲學觀，而有同樣的說法：

「拿破崙並沒有比他的同類更壞，他不過是為了顯揚自己而犧牲他人的自私者而已。他為了滿足此意志而不斷努力。因為他具備了此種罕見的力量，所以明顯表現出了人類意志的一切邪惡。」

拿破崙是人類邪惡的代表選手。認為理性支配世界的德國哲學家黑格爾，看到拿破崙進入柏林的英姿時，感動地說道：「這就是世界精神。」真是極端地對照。

那麼，拿破崙表現的是人類的邪惡，抑或理性的偉大呢？

我較贊同蕭本哈瓦的說法。拿破崙勤於學習或許是為了實現他的意圖，但對世人而言，畢竟害多於利。至少對鄰國的人來說，拿破崙真是個麻煩的天才，他的天才只為鄰國帶來破壞、死亡和支配。

大孩子

——達爾文

最近，日本學校教育的目標之一是培養個性，但我認為不論是教師的教導或是學生的學習，都欠缺個性。另一方面，生涯學習也很流行，但這也只是學校教育或補習教育的延長，全都是畫一的。

就像人的容貌和性格都不同似的，學習的方式也應依人而異。怎樣的方法才是最好的呢？教育學家想破了頭，仍找不出適用於所有人的最好方法。每個人都應依性格、喜好、目標等，有各種不同的教育和學習。此外，學生時代與步入社會後，或退休後的學習方式也應有所改變才對，總之，要找出最適合自己的方法。

在此以終生研究學問的人為例，或許可供各位參考。他們以學習、思考為個人的終生事業，可以說是學習術的專家，也都養成了個性化的學習祕訣。他們常能提供新的觀點和思考方式，父母在養育子女的方式上，或許可以由此獲得某些啟示。

每一個小孩都可能成為名留青史的學者或「天才」，即使無法達到這個程度，也應盡早培養學習事物的樂趣。如果了解學習是豐富人生，使人獲得幸福的有力資質的話，做父母的就會明白為子女尋找合適的學習方法是何等重要的義務了。

以進化論聞名的英國生物學家查爾斯•達爾文（一八〇九～八二）從年輕的時候起，就花了很長的時間培養自己的個性和好奇心，而成了開拓新學問世界的學者。他觀察自然界的各種現象，思考出物競天擇的進化論來，同時對自己也有詳細的觀察，他自我分析說：「我是個大孩子。」這句話就是他學習的祕訣。

易傷的心

不管將來會成為天才、偉人或凡人，每個人的孩提時代都是大致相同。每個人都各有個性，而有良好個性，讓人預感將來會成為天才的孩子每個街角都有。在父母的眼裡，自己的孩子都是天才詩人或畫家，這沒有什麼不可思議的。事實上，當時他們可能都是如此。但是，能將孩提時代這優秀個性和潛力培育至開花、結果的幸運個案卻很少。到底是誰摘下了這個即將盛開美麗花朵的花蕾呢？似乎本人、父母、學校老師、補習班的教師每個人都很努力，不過要負最大責任的就是孩子本人了。達爾文專研生物是如何對應自然環境而進化的，同樣地，每一個孩子也在家庭和社會環境中歷經自己的個性會開花抑或枯萎的重大試驗。在這試驗中，能使個性開花力量的，不外是本人的意志。

出身醫生世家，家中有六個兄弟姊妹，排行老五，是次男的達爾文，在自傳中所記載的幼年時代，最讓人印象深刻的就是這個試驗的故事。他比小自己二歲的妹妹記憶力還差，且被小學的校長批評為「遊手好閒」，這些事在他七十歲後都寫在自傳裡。對他而言，這些都是極傷他的心的，或許他是以抗議的心情而寫下來的吧！也或許孩提時代雖然如此，但今天已經變得很穩當了，而給有表現不佳的孩子的父母以自信吧！不論如何，像「遊手好閒」這樣令人不舒服的話，一定會傷害孩子的心的，做父母的可不要任意批評孩子。

大人經常沒有察覺到，孩子感受性的敏銳決不亞於大人。大人對人的惡意批評常可立刻反駁，但尚未有處世智慧的小孩對他人所說的多半信以為真，而在內心留下深刻的傷痕。對不懂反駁的對象，即使是事實，也不該說出令他傷心的話來。孩子的感受性很強，是比大人更容易受傷的。

達爾文在少年時代雖然受過父母或學校老師的傷害，但另一方面，小孩也具有治療這種心靈創傷的能力。就是不管他人怎麼說，都能貫徹自己的意志，做自己想做的事。他成了哥哥的助手，幫忙做化學實驗。這件事在學校被人知道後，朋友給他取了一個綽號叫「瓦斯」，老師則斥責他不要浪費時間在這無用的事上。當時，學校並沒有教化學。但是達爾文不是個會因朋友、老師的說法，而放棄自己愛好的沒有主見的少年。這一點跟發明大王愛迪生非常類似，不過每個人在孩提時代都有這樣的遭遇吧！

每個孩子都是收藏家

孩提時代大部分的人都會有收藏品，或是石頭，或是獨角仙，貝殼、小汽車、洋娃娃等。我小時候就很喜歡收集蜻蜓和蟬。

達爾文在南美和南太平洋島上收集了各種珍奇的動植物，成了日後進化論構想的重要關鍵，但對他來說，收集是從年幼到死，終生持續不斷的有趣工作。

他在年幼的時候不論貝殼、信封、貨幣、石頭等，一律加以收集。什麼都想收集才是「真正的」收集。一位我認識的狂熱收集家，就收集了各樣的小鋼珠。後來因小鋼珠會生銹不易保存，就不再收集了。

達爾文說自己的兄弟姊妹都沒有人對收集有興趣，所以，他這種嗜好是天生的。我認為人天生多少都有喜愛收集的傾向，但在人的眼裡收集是什麼呢？

我認識的一位七歲的女孩子，就很喜歡撿拾在路上滾動的骯髒小石頭。她會把石頭清洗乾淨，然後好好保存。

為什麼會這麼做呢？少男少女為什麼會想要收集石頭、貝殼呢？

收集就是少許地截取世界，成為自己所有，並藉著擁有世界的片斷獲得滿足，使心靈平靜。或許也可以這麼說——收集就是發現世界秩序的嘗試。不了解這個世界，被世界的不可解所壓迫的孩子，用自己所了解的方法來認識世界。未知喚起恐懼，藉著了解就可緩和恐懼，產生可以安心的世界。了解世界就是發現某種世界秩序或法則。少男少女撿拾、收集石頭就是告知世界秩序的象徵。藉由了解石頭而了解世界，收集石頭即了解地球的一種嘗試。我們不是該以這種眼光來看待收集石頭的孩子嗎？

由此可知，收集實在具有教育的功用。人類能儲備關於自然的知識，建立學問，就是以撿拾收集自然界的各種生物和無生物，並加以命名為出發點。或許孩童就是在無意識中，反覆進行這種人類知性活動的初期階段吧！收集就是孩童熟習自然的最初學習法，而對達爾文來說，這是終其一生的學習法。

親子間的冷戰

達爾文八歲時喪母，其後就在父親的監督下成長，但父親對他這種天生的收集嗜好一點也不認同。他在自傳中曾這麼敍述父親的斥責：「你除了射擊、抓狗、抓老鼠外還會什麼。你這樣不僅是你自己，也是我們全家族的恥辱。」達爾文的父親似乎也是一位完全忘了自己孩提時代的大人。

達爾文的父親應該做夢也沒想到，這樣的兒子竟然成了開創科學史新頁的偉大學者。的確，達爾文是屬於「大器晚成」型的人，而這一點在他生涯即將告終前才明朗，做父親的責罵年少的達爾文，似乎也是無可厚非的。

身為醫生的父親為了讓兒子繼承家業，命令他進入愛丁堡大學的醫學院就讀，但，從這時候起便掀起了親子間的冷戰。父母所強迫的多半違反子女的意見，當父母拼命地要子女按自己所想的方向前進時，同樣地，子女也頑強地想做自己想做的事。就子女而言，這就是個性的發揮。

達爾文在自傳中寫著，大學的授課很無聊，也不喜歡解剖實習，手術還不到最後便中途脫逃了，此後就沒再參加過手術實習。這樣，當然是不可能成為醫生的。此外，當他得知可以從父親那裡，得到一筆足以保證一生安樂的遺產時，他就更不想學醫了。另一方面，獲知兒子在愛丁堡大學的學習情形後，父親也覺悟兒子不可能成為醫生。就這樣，醫學院的學業兩年就結束了。

父子間冷戰的第一回合，父親讓步了。

後來，父親希望兒子當個牧師，而要他進入劍橋大學的神學院就讀。在此我們可以看到，不再勉強兒子當醫生的父親修正軌道的寬容；同時，兒子溫馴地遵從父親的命令也值得注目，至於以後的發展情形，達爾文不再特別反抗，而是邊順其自然地，邊按照自己的意志行動。

當牧師不須像學醫那般特別地用功，只要具備一般大學教育的知識就可以了，不過達爾文仍覺得數學很棘手。他說他不懂得代數有何意義，覺得數學很無聊。他所感興趣的，覺得有得意義的就是像貝殼、石頭那般，手可以摸，眼睛可以看的東西。詩人歌德也是這種類型的人，他們都有自己一套的學習法，而從中獲得極大成果的代表性學者就是達爾文。達爾文住在與數學無緣的世界中，他甚至說：

「我想懂得數學的人都是有特別感覺的人。」

但是達爾文因為討厭愛丁堡大學時代的解剖實習，而未培養這種「特別的感覺」，為此而感到後悔也是事實。原本人類能力、感覺的幅度並不是一開始就這麼狹隘的，因此，一些實驗教育便要求頭腦還柔軟的年輕人廣泛地學習，而大學教育也如此獎勵，以擴大能力和感覺的幅度為教育的目的，畢竟十幾歲的人還具備了充分的包容力。

總之，達爾文從劍橋大學畢業了，按照父親的期許，取得了擔任牧師的資格。但他大學畢業的二十二歲那一年，親子間的冷戰並未結束，因為達爾文根本沒打算當個牧師。

三隻獨角仙

小孩會一邊迎合父母的意向，一邊著實地朝自己的道路前進，所謂有個性的人就是指此。但有時也會不聽父母的話，達爾文多半就是如此。

達爾文至死所走的路就是幼年時代所開始的收集，不管父親怎麼說，他都不放棄。在應當學習醫學的愛丁堡大學時代，他卻加入了博物學者的普里尼協會，首次發表研究結果，並且和漁夫一同採集海產動物；而為了當牧師在劍橋大學就讀的時候，他所熱衷的也是獨角仙的收集。為了讓讀者了解他是如何地熱衷收集，了解他是怎樣的「大孩子」，我想應該介紹下列一節他的自傳。

「我在劍橋時，沒有什麼事比得上收集獨腳仙那樣有趣。我舉一則我熱衷的證據：有一天，我剝開老樹皮一看，發現兩隻罕見的獨腳仙，於是一手各抓一隻。不過，接著又發現第三隻新的種類，心想若不抓就遺憾了，於是我將右手抓著的那一隻含在口裡。不料，它卻流出極辣的液體，燙著我的舌頭，我不得已只好把那隻獨腳仙吐出來，結果那隻逃走了，而且第三隻也逃走了。」

他是在大學時代所熱衷的仍能跟孩提時代一樣的人。在劍橋大學時，他最常接觸的是植物學和動物學的教授，當他讀了芬波爾特的『南美旅行記』後就想到南美去，因此，學習西班牙文。

像這樣，他是朝著博物或生物學，就是現代的生態學前進的，而決定性的關鍵是獵兔犬號的航海。獵兔犬號是英國海軍派遣前往南美大陸進行測量的調查船，達爾文因博物學家的身份而獲得了乘船的機會。不過，在這次值得記念的航行出發前，仍發生了一點曲折，那就是達爾文的父親因擔心這次經歷可能會成為擔任聖職的汚點，而反對兒子搭乘獵兔犬號。做父親的仍然希望兒子當個牧師，對此，達爾文原本想遵照父親的意思，打消航海的念頭。如果事情就這麽發展下去，那麽『物種起源』一書可能就無法問世，達爾文也就成了鄉村牧師，持續捕捉獨脚仙了。但，在早就注意到達爾文特殊能力的叔叔的說項下，使父親撤回了反對意見，達爾文便順利出海了。

五年後，航海回來的達爾文成了一名優秀的博物學家。就這樣，父子之間的冷戰，最後由兒子獲得了勝利。

究竟達爾文在這五年的航海期間學到了什麽，體驗了什麽呢？

觀察者

達爾文以博物學家的身份搭乘了調查船獵兎犬號，由大西洋環繞南美、南太平洋、澳洲、印度洋及非洲大陸的南端回到了英國，完成了世界一周的航海。航程歷經四年十個月，回到英國時，達爾文已經二十七歲了。這次航行的內容都詳細記載於『獵兎犬號航海記』，而這本有趣的航海記，同時也是達爾文自己最重要的「學習」記錄。

在獵兎犬號的大航海中，達爾文究竟學到了什麽呢？

前面已經談過，達爾文是天生的收集者，收集本身也能幫助學習，而在獵兎犬號的大航海中，又培養了他觀察自然界事物的能力。觀察力是收集時不可或缺的能力，「收集者」同時也是「觀察者」。不過觀察力也會進化，跟其他能力一樣，觀察力藉著活用也就會變得更加敏銳。能力越受試驗越受刺激的話，就越能伸展。雖說航海，但不是一直坐在船上的，靠港時登陸，進行探險旅行，觀察珍奇動植物的機會很多。

當時的見聞對達爾文而言是怎樣的「學習」呢？我們可以從『獵兔犬號航海記』中的一節敍述得知。那是登陸里約熱內廬時的記錄。

「英國博物學的愛好者只要步行就會遇到吸引人的東西，因此，可以從散步中獲得許多幫助。本地風土豐饒，充滿了各種生物，有無數吸引人的東西，幾乎讓人寸步難行。」

這篇文章給人南美風土富裕的強烈印象，同時也讓人感覺到達爾文本人敏銳的觀察力。達爾文觀察自然竟到了寸步難行的地步，如果是普通人可能只是走馬看花吧！在普通人的眼裡，這樣的達爾文必是「有特別感覺的人」，而達爾文自己也很了解這一點，他在自傳中說道：

「我會注意到很容易被人忽視的事物，並且仔細、深入地觀察，我覺得自己這一點比世間任何一個人都強。」

鍛鍊這種敏銳觀察力的是在獵兔犬號的航程上，而此觀察慾也在航海記中表露無遺。『獵兔犬號航海記』以加拉帕格斯諸島的部分較有名，但這不過是長篇航海記的一部分而已。不論翻開那一頁，都可以看到達爾文那活潑的好奇心與觀察力在躍動著，「有無數吸引人的東西，幾乎讓人寸步難行」達爾文這種心情我非常了解。

達爾文對一切映入眼簾的東西都感興趣，都想加以調查的觀察記錄，在此只能介紹一部分，例如，他詳細記載了章魚體色會微妙變化的情形，確認了螢火蟲死後仍會持續發光二十四小時，也愉快地觀察了叩頭蟲到底能跳多高。測驗叩頭蟲的跳躍力，這種事我小時候也做過。任誰看到了這種圓滾滾的蟲，都會想好好調查一下。

即使是以調查動物、植物、礦物為工作的博物學者，也跟普通人一樣，都是以孩童般旺盛的好奇心為觀察的出發點。而這種旺盛的好奇心，有時也會輕易地超越博物學的範圍。

達爾文便在海邊發現了砂會因落雷而形成玻璃化的長管。知道這種現象後，他更考察了大河河口等雷較多的地方，是否會因大量淡水與海水的混合，導致電氣平衡的破壞。為了詳細進行調查，達爾文甚至跑到被落雷擊中的人家去。

「一部分牆壁像火藥爆炸似地破裂，破片都飛散到房間對面的牆壁上。鏡子的邊緣一片焦黑，金色的漆料像蒸發似地。暖爐的置物台上有金屬性物質覆蓋著，像釉般緊緊地附著著。」

記錄此種落雷為害情況並不是博物學家的工作，但達爾文卻能詳細地觀察，或許也是一種描述訓練吧！而這種好奇心正是達爾文研究的祕訣。許多大發現都來自超越既定框架的觀察，也就是說，由脫軌的觀察而來的。

新的「心靈習慣」

『獵兔犬號航海記』以達爾文原本的工作，觀察和記錄動植物，地質所占部分較多，但要了解他那自由旺盛、活潑的好奇心、觀察力和記述力，就得參考逸脫的部分了。

最好的例子就是智利大地震的報告。達爾文詳細記錄了大地龜裂及城鎮遭破壞的情形，並由此推測可能是地球上最大級的地震。地震持續了二分鐘，「在瞬間，心裡沒有時間想到什麼，只有不安」。對自己所感受到的搖晃，他描寫道：「像船遭遇小三角波搖動似地，覺得身體像是滑過滑冰上。」他從來沒有體驗過這麼大的搖晃，但更讓他吃驚的是目擊了震源地附近城鎮的慘狀，「任何國家的繁榮，光是地震就會充分被破壞。英國會立即破產，各種文書、記錄、勘察等瞬間都會歸於零。」他這麼記錄地震的可怕。

從幾乎沒有地震的國家而來的達爾文，對地震深感興趣是可以了解的。看著受破壞的城鎮，他寫道：「從英國出發以來，還未有這麼惹人注意的景象。」即使他成了地震學家也沒什麼不可思議的。

事實上，就有因經歷了有生以來頭一次地震，而開始研究地震學的英國人。如明治初年到日本的物理學家尤英格，因於日本頭一次體驗到地震的衝擊而開始研究地震學，製造地震計，在地震波上發現了直向搖動的P波和橫向搖動的S波。日本的地震學不是始於習慣地震的日本人，而是由英國物理學家「脫軌」開始的，這點的確很有趣。

原本不過是業餘研究博物學的年輕人，卻在這五年的航海內鍛鍊了學問。達爾文自己也在自傳內回想道：「我經常感覺到自己心靈首次真正的訓練和教育，就來自這次的航海。」

一言以蔽之，達爾文在獵兔犬號航程的「學習」成果，就是培養了新的「心靈習慣」。「我所思索所閱讀的一切，都與我所見和我想見的有直接關係。這種心靈習慣是在航海的五年間所鍛鍊的。如果我在科學上有所成就的話，就是來自於這種鍛鍊。

達爾文從小就對所觀察的想要加以理解、說明，而要達成這種願望就必須有這種「心靈習慣」。達爾文在航海中寫給父親的一封信上說道：

「我覺得再也沒有比對自然科學稍有貢獻更好的人生了。」

看到兒子航海歸來，父親說道：「咦，你的頭形完全變了。」肉體還在成長的二十幾歲的年輕人，五年內頭形完全變了是可以想像的，不過達爾文說父親也是敏銳的觀察家，所以這個觀察肯定是對的。達爾文的頭形真的完全變了，而他自己認爲是因為航程中的訓練使他的心靈發達了，就是新的「心靈習慣」形成新的頭吧！這種情形也可能出現在自己每天見面的孩子或他人孩子的身上。

總之，達爾文在二十七歲時有了「自己的頭」。

建立理論的人

有了「自己的頭」的達爾文，對他所收集、觀察的各種動、植物，持有不可解現象，為了加以理解、說明而發現了法則和理論。他是收集者，同時也是觀察者和建立理論的人。

所謂不可解現象，一言以蔽之，就存在於地球上的各種生物是如何生存，現在又如何的問題。對於這個難題，自己的觀察和理論能回答到何種程度呢——達爾文由獵兔犬號航海回來後到死的四十多年裡，一直在思考的就是這件事。

他在加拉帕格斯島見到了鳥喙大小和形狀皆不同的芬奇鳥，發現可以將其分成十三類，現在這種鳥就稱為達爾文芬奇鳥。為什麼同種類的鳥卻有如此不同呢？這就是他思索的一個關鍵。由這種芬奇鳥看來，即使是同種的生物也會因自然環境等出現變種，而最能適應自然環境的就以新種存留下來，也就是說，在自然中經由長時間選擇而存留下來——簡單地說就是生物經由自然選擇而進化。

達爾文的理論受到了各種批評，但直至現在仍是思考進化時的出發點。

當然，達爾文到此是花了一段很長的時間。

他是那種會投入時間持續研究的學者，這個畫時代性的發現不僅自己了解就行了，還必須耐得住其他學者的各種批判才行。因此，物競天擇進化原理的構想雖是在二十九歲時便產生了，但『物種起源』一書的發表，卻在五十歲之後。而且這也是獲知博物學家亞爾夫雷德•拉塞爾•渥雷斯執筆，完全相同的進化原理的論文後，才急速執筆的。投下長時間的不僅是進化論而已。對卵受精研究也花了十二年之久的歲月，另外他臨終前所完成的『蚯蚓作用與植物性土壤的形成』一書，也是連續十年對蚯蚓研究的集成。

人類可以分成可等待與不可等待兩種，而達爾文就是在構思成熟前能一直忍耐、等待，始終貫徹自己意志的人。前面已經提過，在他孩提時代就不管父親、老師怎麽說都要貫徹自己個性一事，而對社會或對學問世界他也秉持同樣的態度。

但是『物種起源』一書的延遲發表除了跟達爾文個性有關外，也必須考慮到當時科學世界的動向及社會的價值觀。當時還是科學家須與宗教搏鬥的時代，衆人都相信所有的生物都是由神創造的，這是聖經不變的教誨。

而達爾文卻認為物種變化，下等動物進化成為人，這是完全脫離當時價值觀的想法。達爾文的遲延，也是為了讓社會能接受這種「脫軌」。

達爾文一方面擔心自己所發現的理論，會令信仰虔誠的妻子悲傷，一方面也在筆記本寫下「以往天文學家所受的迫害要銘記在心」。主張地動說的伽利略受宗教裁判刑罰一事，還令人記憶猶新，而反對聖經教誨，發表宇宙論被處以火刑的科學家裘達諾•布魯諾事件，也深印在達爾文的腦海裡。此外，在寫給某位植物學家的信裡，他說道：「在你的名聲確立前，請謹慎發表理論，否則你的觀察會受人懷疑。」不過在『物種起源』一書發表時，達爾文早已是著作等身的名學者了。

達爾文的例子也告訴我們，在學問的世界裡，有時也是需要「戰略」的。

達爾文的生活方式告訴我們「欲速則不達」。經常催促孩子說：「快一點！」的父母，有許多地方都應該向肯花時間的達爾文學習。

由身邊事物思索起

我們可以向達爾文學習的就是由身邊發現題材，並發展成大型研究的作風。

達爾文六十三歲時寫下了『人類及動物的表情』一書，這是他在記錄自己長子的成長過程中，因對其表情的發達產生興趣所做的研究。目前，這本書已經成了心理學的經典。

此外，六十歲後所寫的『食蟲植物』一書，則是某個夏日，他在散步途中觀察食蟲植物捕捉昆蟲情形後所做的研究，這本書也花了他十六年的歲月。

身邊的人及自然教室，再加上好奇心及觀察力就可以學會很多東西。這樣的自然教室正是豐富人類頭腦、心靈及生活的寶庫。

另一方面，達爾文是能朝自己所關心的，長久自由研究的幸福學者。他這位學者不隸屬於任何大學或研究所，拜父親遺產之賜，不僅不需要忙碌賺錢，反而擁有能充分投入研究的資力。在倫敦郊外的鄉間，他擁有約二萬坪的廣大地產，在這裡他可以為了調查鴿子品種的差異，而買入各種品種的鴿子加以飼養，也可收集一萬個標本做研究。以個人的財力來維持研究費，在現代是很難想像的事情。

有位好溝通的父親，使自己可以放手去做，再加上聰明、溫柔的妻子，子女膝下環繞（共十位，長大成人的有七位），達爾文是個自由研究的幸運學者，也是個家庭幸福的學者。

他在晚年所寫的自傳中，對自己為何如此勤勉也感到驚訝。他認為自己的長處是對任何問題都能長久持續思考的無限忍耐，觀察、收集事實的勤勉，以及發明的才華和常識。當然，這些是長大以後才培養的。

不過他一生所鑽研的問題，已經包含在他孩提時代所產生的疑問中了。見到獨角仙時，對這種奇妙生物的疑問和驚訝，孩提時的達爾文和晚年的達爾文應該是沒變的吧！由此可知，他實在是個「大孩子」。

達爾文對自己也有非常仔細的觀察，在自傳中便進行了各種的自我分析，其中一點就是「我有想在科學界佔據重要位置的野心」。的確，野心也是學習的有力原動力，即使是孩子也有野心的。

當上首相的留級生

——邱吉爾

為何要學習？

人類是天生好奇心最旺盛的動物。小貓、小狗也是好奇心重的動物，會探險家中各個角落，對掉落在地上的紙屑玩個半天也不厭倦，對人類無心的作爲也會特別感到興趣，但都不及人類的小孩。小貓、小狗長到某種程度時，不管人類花多少工夫想引起牠們的興趣，牠們都泰然自若地無視人類的存在。

好奇心始自眼睛所見，手所觸摸，若再加上思考的能力，好奇心就會飛躍地擴大。我自己有這樣的育兒經驗，孩童好奇心大舉擴大，是在能像作文一般喋喋不休的時候，通常是二、三歲時。這時，孩子每天都會問我各種問題，為了據實回答我都想破了頭。

例如「為什麼會下雨？」要用孩子稀少的語彙來回答這個問題是很難的，而我也發現自己對為什會下雨並不很淸楚。於是，我就這麼回答。

「那是因為空中的雲很重，落下來的緣故。」

孩子似乎能接受這個答案，以後再也沒有問過同樣的問題了。

孩子漸漸成長，到了上小學時，問了這個重要的問題：

「為什麼一定要讀書呢？」

這個問題該如何回答呢？相信不論是父母或是老師，都不容易回答吧！雖然是孩子，但對各種事物，自已的人生都會認真思考。因為不想讓孩子養成不明所以，只是遵從命令的心靈習慣，因此，我都認真地回答孩子的問題，不過並不是都答得很好。

「因為上了小學後每個人都要讀書」，或許你會這麼回答。即使你進一步說明，為了長大後在社會上工作所以要上學讀書，孩子也無法了解大人、社會是什麼吧！就為了這件事，一天大半的時間都要被關在教室裡，這對孩子來說就像烤問似地。這也等於為了不明所以的東西而犧牲現在，犧牲現在無異是過著虛空的人生。

我認為人生任何階段都不應該虛空度過，所以這麼回答孩子——即使是記住一種花的名字也可以豐富人生，今後你的人生最快樂的事情之一就是學習，而你在學校讀書就可以幫助你了解其中的樂趣。

現在已經是大學生的兒子似乎非常了解學習的樂趣，或許是我這番話奏效了吧，為此我極感欣慰。就如我前面一再強調的，體驗到學習的樂趣是人生最大的幸福，這是我一貫的想法。重要的是，何時發現這種樂趣？

對養兒育女的父母、教導學生的老師來說，最大的難題就是何時、如何能讓子女、學生實際感受到學習的樂趣。人一旦實際感受到了這種樂趣，即使之後放任不管，也會在好奇心的引導下持續地學習。

因拉丁文而受挫

何時會發現學習的樂趣因人而異，像英國首相，得到諾貝爾文學獎的溫士頓・邱吉爾（一八七四～一九六五）就屬於大器晚成型的人。他說自己二十二足歲時才開始有向學心，也就是說，學生時代根本不知道學習有何樂趣。

相信很多人都知道邱吉爾曾是留級生，因此，或許你會這麼想——留級生也能當上一國的首相，得到諾貝爾文學獎，所以，在學成績根本不算什麼。

的確，在學成績不過是長久人生中的一個評價罷了，並不是人生的一切，邱吉爾的例子確實是社會上許多留級生的鼓勵。但在此希望各位稍微伸展思考的觸角，究竟留級生是如何當上首相的？如果一直都是留級生，那麼果真能成為一國的領導者嗎？日本的情形我們不知道，但要當上英國的首相是必須具備相當的智力和見識的。求學時留級過的邱吉爾一定是在某個時候奮發圖強，努力磨鍊的。如果你認為天賦異秉的是天才，那他決非天才，「天才」兩個字是不適合他的。

不過，我關心的不是「天才」而是「學習」，就「學習」這一點而言，邱吉爾是非常有趣的例子，而我想了解的是以下兩件事。

他是怎樣的留級生？

他是如何發現學習的樂趣，如何學習的？

邱吉爾在自述自己前半生的自傳中，提到痛苦的求學回憶，而他當時成績也經常接近最後一名，父母、老師都放棄了他。

十九世紀末，拉丁文是小學的必修科之一，而邱吉爾的學習首先遇到的障礙便是拉丁文。當時，拉丁文早已經是死亡的語言，但為了成為人上人，拉丁文是無可避免的關卡。像邱吉爾這樣的英國貴族子弟，首先就得突破這道關卡，然後才能擠進名門的公立高中，並且進入劍橋或牛津大學就讀。可是在第一步的拉丁文學習便遇到了障礙，便無異與這條精英路線隔絕了。

為什麼學不好拉丁文呢？他說了一段頗耐人尋味的往事。

學拉丁文最麻煩的就是要記名詞和動詞的變化。大學時代我也學過一點拉丁文和希臘文，所以多少也知道這有多麻煩，同時也可以想像得到老師要將這些教給十歲的孩子是多麼辛苦。

拉丁文的名詞包括主格、呼格、對格、屬格、與格、從格六種，語尾便依格而變化。年少的邱吉爾對拉丁文失去興趣就是當老師問他桌子這個名詞的變化時。所謂呼格就是稱呼東西時所使用的形式，而他怎麼也不明白的就是說桌子時為何一定要說「桌子喔」。

「為什麼要說〈桌子喔〉呢？」少年邱吉爾這麼說時，老師答道：

「說〈桌子喔〉就是向桌子祈禱、稱呼桌子的意思。」

少年邱吉爾還是不明白，於是老師進一步說明：

「要跟桌子說話時就這麼用啊！」

他聽了不禁叫道：

「怎麼有這麼蠢的事呢？」

的確，普通人是不會跟桌子說話的，少年邱吉爾這麼反應是可以理解的。但是老師只是說：「再說這種任性的話就嚴格懲罰你。」一味斥責他。

任何事情要從頭到尾完全說明白，讓對方了解是很困難的。但是，自己不了解的話，別人也是強迫不來的，邱吉爾就是這樣的人。當然，大部分的學生仍然不明所以地繼續學，終而學會了拉丁文，但，這種不求甚解的方式跟邱吉爾是格格不入。他最後覺悟到，自己是無法積極地學習這種不明所以的拉丁文。

他在自傳中寫道：

「老師們使用各種強制手段，但我還是很倔強。對於無法喚起自己想像力和興趣的東西，我怎麼也不願去記，況且也是記不住的。十二年的學校生活沒有一位老師能讓我寫出一句拉丁詩句，或是記住希臘文字母以外的東西。」

他忠實於自己的信念，在學校裡也沒有發現會引起自己好奇心的東西。

固執是優點

照片中的邱吉爾下巴緊張，讓人想起他那頑強、固執的性格。他不會因為成績差就受挫，從小學時候起，他的成績每次都是班上的倒數幾名，不過仍不減將來要做陸軍元帥和首相的大志。

對少年男女來說，重要的不是成績好而是固執。所謂固執就是要貫徹自己想法的心態，這遠高於在父母、老師的強制下順從學習的心。有這種心的人最後就能實現隱藏於內心深處的遠大願望。

邱吉爾在一九四〇年，第二次世界大戰開始的次年成了英國首相，在納粹德國劇烈的空襲下，他在學童面前演說：「決不投降，決不投降。」這必定也是從他小學以來固有的固執話語。

少年時代固執、挑戰、反抗的邱吉爾有以下幾個傳聞。

小學校長會因一點小事就體罰學生，把學生屁股打得出血，這也是英國小說中常出現的情節，不過被施以嚴格體罰的邱吉爾卻將校長掛在牆上的草帽丟在地上，踩個粉碎。有一次，當朋友用板球丟他時，剛開始時他躲在樹後面，但覺悟不能永遠都這麼逃避，於是斷然走出來，面向著對方。也有一次被人擲沙包時，他說道：「總有一天我要成為偉人，你們都變成微不足道的人，到時候我就要把你們踩扁。」

但是，學校評價的成績不是固執。他是除了英語外，什麼也學不會的劣等生，老師也對他束手無策。據說在名門公立高中的入學考試時，拉丁文的問題他一題也答不出來。不過學校還是讓他入學了，這只能說是校長的英明。高中時他的成績依然都是倒數，四年內從未升過級，一直都停留在新生班級裡。

邱吉爾從小學到高中畢業的十二年內，總括地說就是「學校生活使我失去了勇氣」。在了解學習的樂趣前，他覺悟到自己學不成東西，但還是頑強地忍耐被稱做劣等生的屈辱，過著學校生活。由他日後活躍的情形看來，他決不是學不來，而是不願學罷了！但在第三者的眼裡，這是很難判斷的。雖然宣稱只要學就一定會拿到最好的成績，但留級生的話是不會有人聽的。如果不是因為固執，邱吉爾勢必會氣餒而被踩碎的。

疏遠的親子關係

就這樣，邱吉爾從名門公立高中畢業了，但接下來的進路當然是與劍橋、牛津等菁英大學無緣，只好進入陸軍士官學校，當個軍人了。不過，對邱吉爾而言，這樣卻是他所歡迎的選擇。從小他最熱衷的就是玩玩具兵，他會拿著一千五百個玩具兵隊，和小自己六歲的弟弟玩戰爭遊戲，對他來說這是個無上的樂趣。

另一方面，他的父親對他選擇從軍之路卻不表歡迎。邱吉爾的父親是個政治家，曾任財政首長，夢想自己的孩子會成為統治英國的政治家。但是，這個夢想早已因兒子低劣的成績而破滅了，況且要成為政治家就得學習法律，看著孩子興致勃勃地玩玩具兵，他問道：「你想當軍人嗎？」當然，孩子的回答是：「是的。我想當一名軍人。」邱吉爾寫著「玩具兵決定了我的將來」。

但是當軍人也非易事，陸軍士官學校的入學考試考了二次都沒錄取。究竟邱吉爾是學不來還是不願學呢？實在令人費解，或許連他本人也不明白吧！

於是他「以覺悟之心」進入預校就讀，正如他自己所說的，預校是「只要不是天生白痴，讀畢後一定可以進入士官學校」。他認真準備考前猜題，終於突破了第三次的考試，不過成績並不是很理想，所以沒能進入志願的步兵科而就讀騎兵科。好不容易可以讀陸軍士官學校了，他得意洋洋地寫信告訴父親。普通的父親知道沒出息的兒子終於可以升學了，一定會很高興的，但是邱吉爾的父親並不是這麼寬大的父親。他認為兒子進不了步兵科實在是一大羞恥，所以不僅沒有稱讚兒子，反而還嚴厲責備他一頓。

在此耐人尋味的是邱吉爾家親子關係的疏遠。母親經常穿著貼身的騎馬裝騎馬出遊，在社交界很受歡迎，但幾乎沒有時間和孩子接觸，照顧孩子完全是媬姆的工作。而父親在他二十一歲時便去世了，父子間能好好交談也不過二、三次而已。而且父親認為自己的兒子是家族的恥辱，不是什麼值得重視的人物，也從未有任何鼓勵的話送給兒子。

就這樣，邱吉爾在孤立無援中不知何為學習之樂，被烙上留級生的烙印後進入了社會。

也有拿手科目

邱吉爾雖是成績低劣的留級生，但決非一無是處的學生，他也有喜歡的科目，拿手的領域。

他回顧自己參加公立高中入學考試時，說道：

「我想參加歷史、文學、作文的考試，但主考官只注意到拉丁文和數學。他們針對這兩個科目問我問題，但我卻無法給他們滿意的回答；我希望他們問我所知道的，他們卻一直問我所不知道的；當我想誇示自己的博學時，他們卻暴露我的無知。」

有拿手的科目就有不拿手的科目，考試時不問他所知道的，但他的守備範圍也未免太狹隘了。在公立高中時代，據說他成績較好的也只有作文和背誦而已。

別人當他是只學得來英文的劣等生，而求學時他最感興趣的科目就是英文。學習英文就是要用英文寫出漂亮的文章來，在這一點上，高級生常求他代筆是他最得意的一件事。他說自己喜歡用誇張的言辭，但這樣容易被發現是代筆的，所以就儘用些平凡的辭句。後來他擔任從軍記者，揮灑健筆，所寫的小說、從軍記、旅行記等都成了暢銷書，『第二次大戰回顧錄』更讓他得到了諾貝爾文學獎，說這是他在學生時代所磨鍊的文筆也非誇大其辭。學生時代不被認可的能力出了社會後才得到評價，留級生也不是無端浪費時間的。

背誦的能力則在他日後成了政治家時，對雄辯術的培養發揮了很大的助益。就讀公立高中時，他因背誦英國史學家馬克雷所寫的一千二百行『古羅馬之歌』一詩，得到了全校第一名。在留級生可以誇示自己能力的唯一機會上，卻反映了疏遠的親子關係，就是在可以顯露自己傑出背誦能力的學校「演講日」裡，父親並沒有出現，令少年邱吉爾深感失望。

能背誦一千二百行的詩句，相信要背誦拉丁文名詞、動詞的變化也不是困難的，重要的是能否集中。簡單地說，能不能學就是要受其吸引。好奇心和興趣產生集中力，由此便導出學習之樂。

這一點不論是剛就讀的小學生，還是終生勤奮學習的老人都是一樣。

另一件邱吉爾在高中時代深感興趣的就是校外人士的演講。不論是歷史或科學，專業權威人士有時會利用幻燈片等談些有趣的話題，而他感興趣的演講就一直牢記在心，其中有五次，三十年後記憶猶新。相信每個人都有同樣的經驗，我自己就對一些小學、中學老師所講的話，四十年後的今天仍未忘懷。學習就是要獲得記憶深刻的東西，老師測驗時會想勇敢作答的也是這種成果。關於這一點，邱吉爾說：

「我常想這種演講為什麼不多辦幾場？一週舉辦一次，演講後讓全部學生寫下自己所聽到的，記下心中感想不是很好嗎？這樣老師就很容易知道誰記得最好，能消化表現出來，誰又比較差了。同時，全校的學級也按照這種方式來編排的話就太好了。」

對經常排名末尾的留級生而言，這實在是挽回名譽的好機會。我想每個人都希望自己能呈現出最拿手的來。

初次產生的向學心

邱吉爾頭一次對學習感到興趣是就讀陸軍士官學校之後，尤其對戰術和築城術最感興趣。從小他就喜歡用玩具兵模擬戰爭，這實在是他的拿手絕活。終於，在自己拿手的領域內發揮能力的機會到了！畢業考時一百五十名中邱吉爾排名第十八，這個前所未有的好成績足可洗刷他長久以來留級生的汚名了。

就這樣，邱吉爾成了一個傑出的軍人，但在成為英國首相前還有許多的「學習」。一個機會臨到了，就是他以輕騎兵第四連隊成員的身份，停留在印度的時候。他在自傳中這麼寫著：

「一八九六年冬天，我滿二十二歲，頭一次產生了向學心。我頭一次感到自己在多方面的思考世界中，並不具有任何知識。」

向學心覺醒包括兩個主因，一個是內心湧起的好奇心，一個則是自覺自己的無知，邱吉爾是屬於後者的情形。例如，他從朋友口中聽到「倫理學」這句話，就會想——倫理學是什麼？

不論是在公立高中還是陸軍士官學校，他都沒有聽過這句話。倫理學在大學應該是通識的課程，但沒有受過大學教育的邱吉爾自是欠缺這方面的知識。例如，當人在談論康德或蕭本哈瓦時，自己卻是頭一次聽到這個名字，這在菁英意識旺盛，出身劍橋、牛津的人眼裡當然是不屑一顧。

邱吉爾似乎嚐盡了這種屈辱的體驗。就這樣，在與大學畢業生的交往中，他逐漸了解自己的無知，同時也羨慕他們的知識，希望自己也擁有這等知識。

於是邱吉爾開始發憤讀書。內容遍及歷史、哲學、經濟學等、並請求母親寄來所謂知識人所讀的書，就這樣，培養未來英國首相頭腦的書籍，遠渡重洋由英國送到了印度。這位未來的首相包括馬球競賽練習時間在內，每天讀書四、五個小時，由父親幾乎都能背誦的吉朋

『羅馬帝國興亡史』開始，從柏拉圖、亞里斯多德到馬爾薩斯、蕭本哈瓦、達爾文等將一般知識人都知道的讀物都讀遍了，因而培養了菁英分子所該有的知識基礎體力。

就這樣，他自學了世界名著。因痛切感到自己知識和教養的不足，為免他人步上自己的後塵，提出了他對教育改革的方案。

讓十六、七歲的少男少女學習手工藝等技術，有餘暇時則讀詩、跳舞或運動，等到真的產生求知慾時，再讓他們進大學就讀。而在工場、農場等表現優異的人，只要有熱切向學的心就可以進大學讀書。

這件事如果實現的話，或許世界會整個翻轉過來，引起一大騷動吧！所以邱吉爾日後成了首相時也不敢提這麼大膽的教育改革，但這個提案絕不可被捨棄。大學升學率高，未必一國的知識程度就高，像英國或日本，真正有求知慾而進大學的究竟有多少呢？恐怕少得可憐吧！如果只有像邱吉爾這樣真正想學習的才上大學，那麼就不必舉辦無聊的升學考試了。

二十二歲才開始向學的邱吉爾，二、三年後決定踏入政界成為政治家，但他還是覺得自己的能力不足。當他面對牛津、劍橋等名校畢業的才俊時，就會覺得自己宛如置身銅器中的瓦片。

瓦一碰到銅就會破裂，他了解到即使自己的主張是正確的，也無法巧妙地表現出來。因此，他決心要進入牛津大學認真地從基礎學起。雖是二十五歲的人了，但大學之門還是為他敞開著的，不過當他知道必須通過拉丁文和希臘文的考試後，又不得不放棄上大學的念頭。對於沒有好好學拉丁文和希臘文一事，他也深感後悔。

學習雄辯術

在邱吉爾的時代，要成為政治家的必備能力之一是雄辯術。用他的話說就是「這個時候（二十世紀初）的民主是由所謂天使群的政治家所指導，真正政治民主主義的時代」，而雄辯之才就是使「天使」政治家振翅高飛的羽翼。

前面說過，邱吉爾從學生時代開始就展露文字方面的才華，之後再加上雄辯之才，便構成了傑出政治家的條件。對他來說，文才和雄辯之才是何等寶貴，可由他擔任國會議員時的侍醫的話得到證明：

「若非對語言的感覺敏銳，邱吉爾的人生根本不算什麼。不論是判斷力還是政治手腕、識人的眼光，他並不是很傑出。」

邱吉爾的名言是「鐵幕」，這是指一九四六年第二次世界大戰後，隔離蘇聯和西歐諸國的厚牆。這個字巧妙表現出此後持續之東西冷戰體制，因而通用於全世界。此外，一九四〇年他擔任首相時，在眾議院的演說，也成了名留青史的著名演說：

「我所能提供的只是血、勞苦、淚和汗。如果問我們的目的是什麼，我只有一句話可以回答——就是勝利。付出任何犧牲，忍耐所有辛苦，不管路多長多艱辛，就是要戰勝。」

要有掌握民心、感動國民的演說是須要相當的「學習」。邱吉爾二十六歲時首次當選衆議員，當時一場名演說往往可以改變一選舉區的動向，因為人民對政治家所說的都是百依百順、完全相信的。當時的英國並不是全國一齊投票，而是約六週在各地進行投票，因此，篤定當選的邱吉爾便應邀到尙未投票的選舉區演說支援，在第一次選舉便一躍為主角。他自己就說，選區告急時黨幹部就會派我前去。

不管任何事，不努力就無法培養能力，所有的能力都是「學習」的結果。邱吉爾也為了培養雄辯才能而默默地努力。他認為人類的才能中最寶貴的就是辯才，有此才能者就可支配世界，因此極重雄辯術。

那麼，他是如何學習雄辯術的呢？

首先就是多讀書，以培養對任何主題都能對應的廣泛知識。雄辯術最重要的是在自己的腦海中要完全掌握演說內容，然後明白地陳述出來。他並未接受過像歐美大學那種對任何主題都能自由自在議論的訓練，因此，若不事先寫好文章背誦的話，就什麼都說不出來。背誦演說的內容然後去說，就是他雄辯術的祕訣。

當選後他在衆議院所發表的第一場演說深獲好評，但這背後卻有不為人知的辛苦。要事先寫好文章背誦，確實不是一件易事。衆議院的第三次演說也花了他六個禮拜的時間寫文章、背誦，但對他來說，演說準備本身就是重要的「學習」機會。

據他的祕書說，邱吉爾口中經常吟誦著名言或名句，並於演說中加以引用。此外，他也常常背誦他人的文句來借用。英國有本著名的巴特雷特引用句辭典，就是邱吉爾愛讀的一本書，這本書也給他很大的助益。

其實，借用也是學習的重要能力之一，他說：「精雕細琢的引用句會給人好的想法，同時也會引起人讀原著或其他各種的慾望。」身為引用句辭典愛讀者的我也深有同感。

寄託餘生的「學習」

就廣泛了解現實世界的「學習」而言，英國的政治家中沒有比邱吉爾更富「向學心」。志願從軍的邱吉爾陸軍士官學校畢業後，首先尋求的就是建立名聲的戰場。但十九世紀末的世界，用他自己的話說，就是「到處都是令人厭煩的長久太平盛世」，能打破此局面的，地球上只有一處，就是令西班牙軍苦惱的古巴反叛軍。於是他立刻前往古巴，親臨戰場，首次暴露於槍林彈雨下。

後來，他以戰地記者的身分體驗印度內地的激烈兵戰，並於布爾戰爭中被俘，又從俘虜收容所逃脫生還而聲名大噪。他可以說是為了冒險而冒險，甚至到了晚年還不忘年幼時玩具兵團遊戲之樂，聲稱要參加第二次世界大戰末期聯合國軍隊登陸諾曼第之役，後來英國國王出面，才制止了他這種想法。

一國的首相要參加危險的軍事作戰，確是普通人所難以想像的。他對喜歡的事就會義無反顧地去做，這從他求學時拒絕學拉丁文可以看出來。看他那任性、頑固的臉，就可以了解學校老師教他時是多麼辛苦了。

對邱吉爾的「學習」，最後我想談的，是以興趣為始的星期天畫家之樂。四十歲時因內閣改組，他從重要的海軍大臣職位貶為閒職，當時他偶然發現了孩提時代的畫具箱，因此，重拾畫筆作畫。此後，他的政治生命數度浮沈，懷才不遇時便做個星期天畫家。

第二次世界大戰結束後，因選舉失敗而從首相的寶座退下來，他覺悟到要以畫畫殘度餘生。有度過人生最後時間的寄託的確很棒，我也想早日開始這種「學習」。

長於變化的畫家

——畢卡索

不論你喜歡不喜歡，二十世紀最著名的畫家應該是帕布洛•畢卡索（一八八一～一九七三）。許多人稱他是「天才畢卡索」，如果說開拓新世界，為世人開啟新觀點的人是天才的話，那麼畢卡索確實是個天才。

他在二十世紀初開創了立體派的新畫風，有的美術史家說這是文藝復興以來，西洋美術史上的一大革命。的確，同時畫出側臉和正臉，並配上大笑般的眼、鼻、口，這種肖像畫在畢卡索以前，從未有畫家畫過。此外，將人體零碎切割而畫的方法也是畢卡索獨創的。我自己並不喜歡畢卡索後的立體畫，但對他能如此大膽作畫的才能和勇氣深感敬佩。若論想法的獨特和畫法的大膽，沒有那一位畫家能和畢卡索相匹敵。

在繪畫的世界裡有如此破天荒的創始，或許就是因為畢卡索是個天才。如果說因制約和束縛而後退的是凡人的話，那麼能毫不在乎地超越境界線的便是天才了。

的確，觀察這位畫家八十年的生涯，首先引人注意的是他決不固定於某種形式上，而是不斷地求變化。從早期的「青色時代」、「粉紅色時代」到「立體派時代」、「黏貼畫時代」，形式不斷地變化，眞可稱為「善變的畫家」。以自己固有的形式來作畫的畫家並不少，但畢卡索是斷然拒絕重複的。他為何會如此善變呢？

站在『天才家學習術』的立場，我對畢卡索感到興趣之初，推測這種形式的變化必然伴隨某種的「學習」。此外，這位被稱做天才的畫家也有學習嗎？如果有學習，到底是學些什麼?當然，我並不是想知道如何成為畫家。事實上，一些看似重視才能甚於學習的畫家，也是有學習的，現在就讓我們來看看畢卡索的例子。

十四歲時產生一生的傑作

畢卡索長於變化，由他早期的作品就可得知。他的畫作一開始即能完成的，沒有一點不成熟的地方，也就是說一開始就確立了風格，他小時候從未畫過一張孩子氣的畫。對這種早熟的畫家能走的路只有兩條，一個是持續同樣的形式，不然就是另創新的形式。此二者擇一與畫家的風格有很大的關係，而畢卡索則是喜歡創新的人。他說：

「說真的，我不想老是都做同樣的事。對過去我一點興趣也沒有，如果要重複自己的作品，還不如模仿他人的作品。總之，我很喜歡新的發現。」

觀賞畢卡索早期的作品，會發現他在十幾歲時，就已經具備了畫家應有的完美技術和觀察力了。例如，十四歲時『裸足的少女』一作。一位少女睜著大而黑的眼睛凝視著前方，觀者都被那黝黑的眼眸所吸引，但交疊的雙手和足部的表情卻很曖昧，強烈地呈現出人類的存在感。如果說能深印在觀者腦海裡是名畫的條件，那麼這個作品確是名畫。

英國美術評論家，著有畢卡索傳的羅蘭德•潘洛茲，對畢卡索同樣在十四歲時所描繪的未完成的肖像說道：「許多畫家都會認為這是一生最好的作品，而感到滿足。」畢卡索在十四歲時就完成了一生的傑作。

這就好比頭一次登山的人，一口氣便征服了世界最高峰，對這種登山家來說，再發現高山並予以征服就是最大的樂趣，如果可能的話，甚至希望自己造出這樣的山來。畢卡索在美術世界中的挑戰就是如此。

畢卡索是如何長於變化，這由多人的記錄就可見端倪。

他最想逃避的就是反覆做同樣的事情。

「在絕對不重複的條件下做一切事情。」

畢卡索對繪畫的獨特想法就是：

「作出沒有的東西，從未出現的東西，這才是繪畫。」

我最喜歡的畢卡索的作品是他的素描，以及從「青色時代」到「粉紅色時代」的早期作品。畢卡索在巴黎最早賣出的也是這時期的作品，畫商們都期待他再畫出同樣形式的畫來。但畢卡索違背了他們的期望，開始創作全新的立體畫，許多人都不了解這種畫，因而無人購買。他說道：

「畫家絕不可畫他人所期待的東西，對畫家來說，最可怕的敵人就是一成不變。」

此外，他也不以身為畫家而滿足，從雕刻、陶藝、金屬雕工到舞台設計，也作詩、寫劇本，在各方面都很活躍。

在他一生中，他以馬戲團小丑、公牛、馬、鴿子等各種形態來描繪自己，而且在現實世界中也很喜歡化身，當外國訪客來時，他竟然掛上紅鼻子、黑鬍鬚，讓訪客嚇一跳。

長於變化，也將變化表現在作品中的畢卡索，他的一生讓人覺得像是孩子玩膩一種遊戲，便想出另一種新遊戲似的。問題不在於那一種遊戲最有趣，而是一直玩下去，畢卡索在他長久的生涯裡，似乎充分地享受了這種樂趣。

畢卡索之所以要，或必須要不斷地想出新遊戲，就是因為他在十四歲時就已經完成一生的傑作之緣故。

究竟畢卡索在十四歲以前是如何學習？而之後又是怎麽學習的呢？

最有效的學習法

法國名劇作家莫里埃曾說：「不學卻知道一切是偉大藝術家的特徵之一。」但事實決非如此。包括偉大的藝術家在內，被世人稱為天才的人全都是「學習」的成果，如果說有人不學卻知道一切，是因為沒有刻意地學。

最有效的學習法便是沒有意識到自己在學習，卻能吸收知識和技術。這是極自然地學習，而人類哇哇墜地後的數年間，就能進行這種「最初的學習」。

畢卡索在會說話以前就用圖畫來傳達意思，最早使用的是「鉛筆」語言。給他紙和筆，就可以連畫好幾個小時的螺旋模樣而不厭倦。但這種塗鴉不僅是畢卡索，大部分的孩子都會做。

在此必須提出的是畢卡索的父親是在學校教畫的畫家，他也必定經常在家裡畫畫。而才剛懂事的畢卡索會做些什麼呢？就是模仿父親。

每個孩子剛開始時都會模仿自己身邊的人，而模仿是學習的出發點，所以說看孩子就可以了解他的父母，孩子可以說是父母的反映，再沒有比孩子更乖順的學習者了。因此，當父親在作畫時，畢卡索就會無心地跟著模仿。對他來說，這就是最初的學習，是一生之久的學習的開端。

即使不是像畢卡索這樣的畫家的孩子，有些孩子從懂事的三、四歲起，就能用蠟筆、鉛筆和圖畫紙一整天不停地畫。有些孩子畫作之佳甚至讓大人驚訝，我有位親戚的小孩，就能從各種角度隨意地立即畫出當時很風靡的漫畫主角鐵人28號，不論從後、從上、從下看，簡直一模一樣，大家都一同拍手叫好。

但進小學後，這孩子突然不畫了，畫自己喜歡的畫時眼神也失去了光采。孩子的母親說是學校的美術老師不好，或許這是原因之一，但毋寧說是小學教育剝奪了他自由作畫的時間，而阻礙了這孩子繪畫才能的發展吧！畢竟，做父母的並沒有為了培養孩子成為未來的畢卡索，而拒絕義務教育的勇氣，但畢卡索的父親就有這種異於常人的勇氣。

就現代來說，畢卡索是從未受過義務教育，只是一意培養美術才能的孩子。他雖然上學，卻幾乎不會閱讀、算術，甚至字母的順序也記不住，因為他對這些事情根本興趣缺缺。他在學校時幾乎都在畫畫，教科書的空白處都塡滿了畫。一般的父母這時可能會說：「多讀點書吧！」但畢卡索的父母並沒有說這類的話，少年時代的畢卡索就這樣在家裡、學校不停地畫畫。

沒有意識而進行的學習是最有效的，這樣就可融入自己所喜歡的事裡面。畢卡索就是具備這種理想條件的幸運例之一，能這樣一生投入自己所喜歡的事情不是很少見嗎？離開故鄉西班牙住在巴黎之初，他的生活非常拮据，但就是放不下畫筆。他了解自己的人生如果除去了繪畫，那麼就是一無所有了。畢竟，他除了繪畫外什麼都沒學過。

父母的角色

相對於畢卡索這種「學習」的狀態，相信許多父母不管孩子多有才能，都不會讓他隨心所欲地畫吧！而且這也是理所當然的。畢卡索的例子是非常危險的選擇，我不建議人們這麼做，重要的是父母的心態、信念及勇氣。父母有自信的話，自信就會轉移到孩子身上，孩子便能發揮超乎人期待的能力。如果自己都不相信，也不能期待孩子做什麼了！在這方面，畢卡索的父母是全然信賴孩子的。母親曾這麼對畢卡索說：

「你如果想當軍人就一定會成為將軍，如果想當神父就一定會成為羅馬教皇。」

其實她早已經知道自己的孩子在學校什麼都沒學會。

在此，不禁令人聯想到美國發明大王愛迪生的母親。因為小學校長罵自己可愛的孩子笨蛋，所以母親乾脆親自教育未來的發明大王。愛迪生母親偉大之處就是不受周圍人的看法所左右，對自己孩子的能力誇大評價。父母常對自己孩子的能力誇大評價，這種想法卻可發展孩子的能力。

畢竟，沒有人知道孩子究竟有多少潛在能力，誇大評價不是壞事，但在穩當處給予評價，只於某界限內來看孩子，才是「愚蠢的父母」。

以這個意義來說，畢卡索的母親真是個理想的「溺愛母親」。另一方面，他的父親也注意到自己兒子的才能，而成了畢卡索最早，也是唯一的教師。畢卡索十歲時進入父親所任教的美術學校就讀，在父親的班上學畫，父親下了課後也教兒子作畫，就這樣真正開始了畢卡索以繪畫為中心的人生。

畢卡索回憶說，父親會把死鴿子的腳切下釘在木板上，然後仔細地描繪。此外，父親最重視手部的寫生，他說看手的素描就可以了解畫家的技巧，畢卡索的畫也很強調人類手部表情的豐富，或許就是受到了父親教育的影響。當然，在美術學校裡畢卡索的成績始終都是最優秀的。

就這樣，父親不斷地教育畢卡索，而他尤其重視素描。他告訴畢卡索在素描未練好前不可使用畫具，畢卡索說：「應該沒有人素描的練習像我這麼多。」

畢卡索十三歲時終於青出於藍而勝於藍了！父親看到兒子鴿子的素描畫得比自己好，於是將自己的畫筆和畫具交給兒子，從此以後不再畫畫，因為自己已經沒有什麼可教給兒子了。同樣的故事也發生在文藝復興時期偉大的畫家，里奧納多・達芬奇身上。

達芬奇十五歲時加入佛羅倫斯名畫家安東尼・威洛基歐的門下，有一次威洛基歐命令達芬奇描繪天使，當他看到達芬奇所畫的天使比自己更好時，便不再拿畫筆了。

這種學生超越老師的例子並不少見，但能認可弟子卓越才能也是為師的重要能力之一。沒有這種能力的老師，就會不斷干涉弟子的才能，而摘除那正在萌芽的種子。

畢卡索和達芬奇都是擁有好老師的幸運兒，而畢卡索更遠遠凌駕自己的老師，十四歲時就畫出了堪稱一生傑作的作品。

但畢卡索的「學習」並非到此結束！

一直畫畫

不僅是畢卡索，究竟一般的畫家是怎麼「學習」的呢？其實事情很單純，甚至可以說是陳腐。畫家就是畫畫的人，因此，對畫家來說畫畫即是學習。

如果你問：「你們畫家是怎麼學習的呢？」畢卡索一定會這麼回答：「每天，每天不停地畫。」

這人是怎樣的人，就看他一天大部分的時間是怎麼度過。每天持續做著同樣的事情，漸漸地就會成為這樣的一種人。

懂事後就開始畫畫，幾乎所有的時間都投在繪畫上的畢卡索，雖然十四歲時就畫出了一生的傑作，但仍不停地作畫。畢卡索「學習術」的祕訣就只在於不停地畫。

畢卡索一生留下了超過三萬件的畫作，這個量超越了美術史上所有的藝術家，沒有那位藝術家的創作量堪與其比擬。當然，這龐大的數量與他長生活到九十二歲有很大的關係，但令我佩服的是即使高齡也無損於他的創造力。

一九六九年他開了一次畫展，除了已經賣出的作品外，共展示了一百六十五件畫作，且大多是大作，而當時畢卡索已經八十八歲了。畢卡索還曾說：「我還有很多畫要畫呢！」

畢卡索作畫之快亦卓然出衆的，關於這點有以下的傳聞。十四歲時當他進入巴塞隆納藝術學校就讀之際，以一個月為限要完成的入學考試之課題，他一天就完成了，而且畫得比在學的學長還好，令人咋舌。

但，這件事對十四歲就已畫出一生傑作的畫家來說，根本不算什麼。

雕刻家羅丹曾說：「天才？沒有這回事，不過是學習罷了！」若是畢卡索，他或許會說：「學習？沒有這回事，不過是做自己想做的事罷了！」的確，若論在學校求學，他可以說是從未學習。但我所認為的「學習」是人為了自己而做的，以這個定義來說，畫家畢卡索不外是每天「學習」的產物，他的一生可以說是「只是學習」。在此也希望各位不要誤解，畢卡索的「學習」並非是為了完成未來大傑作的準備。他畫作形式的變化，並不是朝著某種理想而發展，他的變化與「進步」完全無關；他的「學習」不是為著未來，而是為著每天的充實。他曾這麼說：

「我在一生中所做的一切都是為了現在，我也經常希望現在能持續下去，我甚至不曾想過探究心這回事。當我發現應該表現的事物時，我毫不慮及過去、現在就表現出來。」

從年少到九十歲過後，發現該表現的事物就能隨時表現出來，這真是令人吃驚！他就像不會乾涸的泉水似的，他曾說工作就像呼吸一樣，是不可停止的。但畢卡索也曾有一段時間沒有工作，那是五十四歲時，因與第一任妻子的離婚訴訟，使他約有二十個月之久沒有作畫。他的一生中有幾位愛人，對他的作品和「學習」有很大的影響，這點稍後還會提及。總之，因年輕愛人離去的心痛，使他半年之久遠離工作。

似乎對畢卡索而言，女性也是「學習」之敵。

美術館也是學校

大學時我曾參加文學社，常聽學長們說到「三多」，就是常做三件事情。也就是小說要寫很多、重寫很多和讀很多，這樣才能寫出偉大的小說。我也深受這「三多」的鼓勵，雖然始終並沒有寫出什麼偉大的小說。或許這也可以用來說明畫家吧！

如前面所述，畢卡索畫很多的畫，而對他人的作品也非常好奇。對他來說，看他人的畫也是一種重要的學習。

畢卡索十八歲時進入了西班牙最著名的藝術學校，馬德里藝術學院就讀，但他說：「學校的老師搞錯了，他們想教我畫畫。」他幾乎沒去上課。

前面說過十三歲時，他的父親就不再教他了，啟蒙階段當時已經結束，此後就只能自己學了。就是大量作畫，並觀摩很多的畫。

馬德里有間普拉德美術館，收藏了貝拉斯凱斯、哥亞等西班牙畫家及歐洲各國的名畫。

畢卡索就經常上這座美術館，研究偉大畫家們的作品。美術館對畢卡索來說就是「學校」。

十九歲時他第一次到巴黎去，此後數度往返西班牙和巴黎，最後便定居於巴黎，而巴黎對他來說就是「學校」。在巴黎的美術館和畫廊，他頭一次看到了哥賀和洛特雷克的畫，這給了他強烈的影響。對他來說，研究他人的作品，吸收他人的風格也是重要的學習。

一些看似獨創的畢卡索的作品，仔細觀察會發現有不少地方與他人的作品類似，例如，著名的『赫尼卡』。

有些藝術評論家主張：「畢卡索沒有獨創性，他經常將昔日大家安格爾和洛特雷克的作品放在身旁。」這種主張也是有理的。但不僅是繪畫世界，文學、哲學、音樂等都很少有完全的獨創性。所有的東西都是某種影響的產物，可以說是借用他人的成果。

在莫札特一章裡也探討過，過度強調獨創性和個性的現代教育風潮中，常常忘了模仿能力及鮮明記憶的能力。若要提高這種能力就只能多加模仿，多記憶；提高某種能力的最佳方法就是酷使此能力。與畢卡索親近的人說他過目不忘，必要時就可自由重現，有意無意地運用於自己的作品裡。這對畫家來說也是一種很好的「學習效果」。

畢卡索形式的變化如果不說模仿，也是從同化能力和借用能力自然產生的。有人說立體派並沒有受到什麼人的影響，而是畢卡索獨自開創的，在繪畫世界中就如發現新行星似的，是畫時代的事件。的確，同時從數種角度來觀察一個對象，再將此畫在平面上的立體畫是從未有人嘗試過的方法，但這也是模仿和借用。我推測畢卡索的立體畫是從雕刻借用而來的。

最早的立體畫是一九〇七年所畫的『大街上的女孩』，而在此的前兩年他就開始把玩雕刻作品，對西班牙古代的雕刻極感興趣。所謂立體畫就是以立體方式作畫，畢卡索思考的是如何將立體重現於平面上，也是人類畫畫以來一直思考的問題。簡而言之，他是模仿雕刻來作畫，就是以為塑像塑形的心情來作畫。

畢卡索是什麼都可以借用的藝術家。七十歲時他所完成的『母子猴』雕刻作品，就是把玩具車直接當成猴子的臉。如果不明示那是玩具車，或許沒有人會察覺玩具車竟然成了猴子的臉。能發現玩具車和猴臉類似，就是畢卡索獨特之處。此外，他也利用籠子、水龍頭、車輪（當成公牛的角）等來雕刻，這些作品都顯示了他那借用能力之優秀。

臨摹訓練

美術評論家高階秀爾先生在『畢卡索——剽竊的邏輯』一書中說道：「畢卡索雖然展現了傑出的創造力，但他的代表作卻都有剽竊的影子，這是在其他作者身上所看不到的。」在外行人眼中看似獨創的作品，但在專家的眼裡卻能看出畢卡索是從某處借用來的。

畢卡索自己對這點也不刻意隱藏，反而堂而皇之地進行，有點美術知識的人一眼就能明白是借用的例子也不少。

例如，一九五一年『朝鮮大屠殺』就是很明顯的例子用槍對準她們的士兵，構圖與哥亞『五月三日的處決』一模一樣，毋寧說是畢卡索模仿哥亞的構圖而畫的。當然，哥亞的作品是畢卡索所熟知的，這就是完全借用的一例。

從借用、模仿進一步到臨摹，事實上，臨摹也是畢卡索重要的工作之一。

他說道：

「臨摹他人是必要的。但臨摹自己就很悲哀了。」

畢卡索十七、八歲時臨摹的貝拉斯凱斯『菲利普四世像』一畫，與原畫真是如出一轍。

這讓我想起中學時代寫生課時，每個人都跑到校園裡對著校舍和運動場周圍的樹木寫生，只有一位女生留在教室裡臨摹壁上大月曆中的畫。我記得月曆的確有花的寫景畫，但對不善於繪畫的我來說，這真是出乎意料的想法。

由於出乎意外，所以當時的情景我還印象深刻，如今研究畢卡索的一生及其作品，我記憶深處的謎，歷經四十年後終於解開了，班上這位最會畫畫，後來進入美術學校就讀的女生，確實深知臨摹名畫是畫家的練習法之一。

畢卡索說臨摹是「自我的訓練，也是修業」，畢卡索獨特之處就是不斷地臨摹。雖然會讓人聯想到原畫，但也形成了畢卡索表現自己世界的作品，最好的例子就是『魯諾瓦爾的西斯連夫婦畫像』的素描。原畫描繪妻子的雙手搭在丈夫的手臂上，丈夫則附在妻子耳邊說悄悄話的情景，畢卡索以簡單的線條簡潔表現出原畫的精華，看起來就像是原畫的雛型。或許畢卡索不是為了臨摹魯諾瓦爾的畫，而是想重現魯諾瓦爾畫中的雛型而畫的吧！

這麼想就可以了解他以一幅原畫為基礎，連續描摹許多畫的理由了。例如，『馬尼的草上午餐』就連續畫了一百四十幅。雖說是臨摹卻運用了畢卡索立體畫的獨特手法，因此人物像大多變形了。如果是為了臨摹馬尼的畫，就不必畫這麼多畫了。畢卡索臨摹馬尼的畫時所看的不是馬尼的畫，而是看馬尼的畫所得的印象，將坐在草地上男男女女的姿態以各種的可能性畫下來。他並不是想畫出馬尼臨摹畫的「決定版」，而是要嘗試一個素材究竟能具有多少自己創作的泉源。

儘管如此，一個素材就能畫出一百件以上的臨摹作，的確具有變幻自在的才能。

畢卡索做這些臨摹是在他七十九歲的時候，這是他那不知厭倦的創作慾，訓練和學習。

起初為美，最後為醜

畢卡索在藝術上嘗試各種可能性，不斷尋求變化，對女性也是如此。女性對他的學習是最大的敵人，但同時也是創作的最大泉源。跟遍歷女性而學習的詩人歌德一樣，畢卡索也由以下提及的女性獲得靈感，而表現在作品裡。

畢卡索畫作形式的變化也跟女性的交往有密切關係。到巴黎後不久，一位因失戀而自殺的親友的死亡，使他開始以青色色調來表現人類孤獨和辛苦的主題。但當他遇到費南多・奧莉薇，兩人開始同居後，粉紅色明亮的色調便支配了畫面。

畢卡索一生中長期同居、結婚的女性共有七人，都是他畫中的模特兒。將她們的照片和畫作相比較，就可以一目瞭然到底畫的是誰了。而且幾乎毫無例外地，她們起初都被畫得很美，最後就被畫得很醜。她們如果看到了自己在畢卡索的畫中被畫成什麼樣子，就可以明白畢卡索對自己的心境了。

畢卡索第一任妻子被畫成馬和醜陋的老太婆，也有的情人被畫成狗和蟾蜍的臉，這好像是對她們所下的最後通牒似的。畢卡索若無其事地說：「對女人來說，看到自己在畫中被放逐的樣子，不是很痛苦嗎？」

「我是不會停止的」畢卡索這句話不僅表現在藝術上，對女性也冷酷地實踐出來，因此，不少人對畢卡索產生反感。原先的熱情冷卻後便逐漸討厭對方，最後更變成憎惡，這時他就會把女性畫得很醜，甚至在畫中殺了她們，畢卡索就有幾幅將人體支解的畫，強烈地表達女性的身體，據說這是顯現對第一任妻子奧佳的憎恨。

熟知畢卡索的畫商康瓦拉說：「畢卡索所畫的女性，就是當時他所愛的人的肖像畫，並不是一種創作。」看人的臉的原形消失，而宛如記號般變形的女性臉龐，似乎真是如此。

舉個例子，『坐在紅扶手椅上的大裸婦』這幅作品，描繪張著血盆大口，露出牙齒，像是要咬住什麼似的嘴臉，令觀者不由得產生嫌惡感。其醜惡是為了更強調變形，看這幅畫會讓人覺得沒有別的畫家會像畢卡索一樣把女性畫得這麼醜，相信大部分的人也一定會把目光移開的。

但仔細瞧瞧會發現，畢卡索畫中奇妙變形的不僅是現實中身旁的女性，畫男性時也有這種醜惡的表情。畢卡索是有意這麼表現的吧！

回顧美術史，描繪美女畫作的實在不可勝數。但畢卡索認為繪畫不光只有美，美醜相混合才是活生生的現實人類。

當然，他也有幾幅作品強烈給人女性美的印象，但他的創新處就是殘酷地把女性畫醜。變幻無窮、美醜交錯，怎麼也畫不盡的就是人類的臉，而且再也沒有比人類的臉更能表達人類了！畢卡索的「變化」就是為了描繪這種人類面貌的必要嘗試。

滑稽的藝術家

——卓別林

查爾斯•卓別林（一八八九～一九七七）首次演出電影是一九一四年的時候。卓別林早期的電影多是十五分鐘的短篇全武行喜劇，其中幾部，重看時仍讓人覺得笑料十足，一點也不過時。最近日本電視劇中看起來好笑的噱頭，其實幾乎都是模仿卓別林。

在凡事都追求新鮮的現代，八十年前的噱頭卻可沿用至今，仍能令人發笑，的確很偉大。或許人類都會因同樣的事情而發笑吧！也或許令人發笑的祕訣從古至今都不變吧！而且笑是沒有國界的，卓別林的電影不論在美國或歐洲，都會令世界各地的人發笑。

但卓別林不僅令人發笑也讓人流淚。一九三〇年代到四〇年代的代表作『街燈』、『摩登時代』、『獨裁者』或『殺人狂時代』，不僅讓人笑讓人哭，也讓人感受到其中有些情節是發人深省的。讓人深省或讓人發笑同樣都不是一件易事，但更困難的是讓人發笑還讓人深思。『摩登時代』和『獨裁者』先是讓人大笑，但並不是笑過就算了，是笑中有思考，思考使笑更深刻的電影。

我很想稱呼卓別林是「滑稽的藝術家」，而他本人是這麼說的：

「電影的目的就是讓人笑，但其中也包括了通用於二十世紀世界的嚴肅內容。」

所謂嚴肅內容就是讓人思考以往所未察覺的事物。不光是笑，正是因為有此所以卓別林的電影令人難忘。即使是從未看過他的電影的人，只要看過一次——他的長篇電影一定會有這種感覺。

這位至今仍能令世人發笑的滑稽藝術家卓別林，是經由何種體驗和「學習」而產生的呢？

蕭本哈瓦

我頭一次觀賞卓別林的電影是距今約二十年前，他的代表作『摩登時代』『獨裁者』等在日本上映的時候。當時我抱著輕鬆的心情，認為看看歷史上的電影名作又何妨呢！可是踏出電影院時，我不得不承認這兩部作品是電影的最高傑作。現在我偶而也租錄影帶來看，跟頭一次的感動絲毫未減。

就這樣當我頭一次看卓別林的電影時，不禁對這位能導出如此偉大電影的人物感到興趣，於是開始讀他的自傳。這實在是很有趣的自傳，但就他一生整體的故事來說，不過是些旁枝末節罷了！其中我對一段記述深感好奇，就是他二十歲左右開始讀德國哲學家蕭本哈瓦『意志與表象世界』一書，此後的四十年裡又讀了幾次，直到最後都還沒讀完。

蕭本哈瓦是主張人生即苦惱，人類只有忍耐才能生存的達觀哲學家，『意志與表象世界』就是探討這個問題的長篇大作，並不是很容易讀的哲學書籍，若不是對哲學深感興趣是很難讀下去的。卓別林就讀了這本書，其中雖然有中斷，但四十年裡一直放在手邊，偶而就打開來看。

卓別林與蕭本哈瓦！

多麼奇妙的組合呀！一位是使世人發笑的喜劇演員，另一位則是經常牽著狗，苦著臉，拄著拐杖散步的苦惱哲學家。

卓別林除了蕭本哈瓦的著作外，也讀其他的書，關於他的閱讀經驗稍後還會提及，而我對這些瑣碎的記載感到關心，是因為注意到了卓別林也默默地讀書，而且非常用功。

卓別林並沒有說到蕭本哈瓦何處引起他的興趣，或從他那裏學到了什麼，但在表演工作方面，他一定注意到蕭本哈瓦對笑的分析。蕭本哈瓦說，笑是因某種概念及其所類推的現實不一致而產生的。

概念與現實的不一致——哲學家喜歡用這種抽象的說法，明白地說就是某種事物的作用、機能和本來應該有的截然不同。由卓別林的電影舉出幾個這樣的實例，就會理解哲學家的分析也適用於現代。

一九一六年出品的『卓別林的消防員』一片中，消防員打開消防栓竟然噴出了咖啡，這個場面幾乎所有的人都笑倒了。滅火裝置是消防栓的「概念」，而「現實」卻成了咖啡製造器，這種「不一致」便令人發笑。

一九一八年出品的『狗的生活』，片中有狗用尾巴連續打鼓的場面。這也是狗尾巴的「概念」竟然變成了一根棒子的「現實」，二者的「不一致」而令人發笑。

一九四〇年出品的『獨裁者』片中有獨裁者辛基爾為了黏信封，而令站在一旁直立不動的士官用舌頭舔信封口的場面。此外，一九三六年出品的『摩登時代』中，因自動飲食機故障，原應擦嘴的裝置，卻一直敲打坐在試驗台上的卓別林的臉。總之，這些所表現的就是哲學所說的「概念與現實的不一致」。

當然，卓別林電影的笑，並非全部由這種「不一致」所產生的，不過卓別林讀到蕭本哈瓦這個「理論」時，或許就拍著膝蓋說：「對了！我所做的哲學就是這麼說的！」如果真是如此，蕭本哈瓦的「理論」對思考笑的場面也有很大的助益。對經常苦思噱頭材料的卓別林來說，蕭本哈瓦的「理論」或許就是一種啟示。

想像卓別林可能從蕭本哈瓦那裡學習笑的方法，也是很有趣的。

笑的基本

卓別林的電影可以讓人怎樣的笑呢？關於這一點，迪威德•羅賓遜所著的『卓別林』一書中有幾則有趣的報告。例如，卓別林電影上映兩週的期間，因為觀衆笑得從椅子上滾下來，所以不得不在觀衆席綁上安全帶。

此外，英國廣播電台也進行一個廣播史上的奇妙實驗，就是播出欣賞『黃金狂時代』滑稽場面的觀衆的笑聲十分鐘，所選的是小木屋在雪山斷崖一端如蹺蹺板般搖晃的一景。當卓別林和他的同伴走在一起時，小屋就大大傾斜幾乎要掉落斷崖。的確，這種情景即使看了好幾次仍然會想笑；即使知道結果如何也一定會發笑。笑聲果然如預定的持續了十分鐘，若在現代可能也會有同樣的結果吧！

前面已經說過，卓別林製造出來的笑果是超越時代，歷久彌新的，而能製出這種笑料確實堪稱滑稽藝術家。畢竟，要讓人持續笑十分鐘並不是很容易的。

古諺有云：「笑門福來」，對身心健康最好、最簡單的方法就是笑。據說有些傷兵看卓別林電影竟然笑得從座位上站起來，或忘了拄拐杖就走起來了，我想實際上一定是如此。笑的治療效果是值得認真檢討，而首先可以推薦給各位的最佳題材就是卓別林電影。

卓別林電影笑的基本是高帽子、小鬍子、緊巴巴的上衣、寬鬆的長褲、大鞋子、自由旋轉的拐杖以及鴨子般外八的走路方式。

這個造型於一九一四年，他的第二部電影裡首先登場，直至『摩登時代』的二十年內都以相同的造型演出，觀衆光是看這個流浪漢的模樣就想發笑。仔細想想，將近二十年間，在內容完全不同的影片裡，竟然由同一個人物來表演，的確有些奇怪，但觀衆卻始終看不膩。我自己就看了卓別林的電影好幾次，可是也不覺厭膩。

電影百看不厭的祕密何在呢——這就像人為什麼會笑一樣，是很難回答的問題。即使是說明笑的原理的蕭本哈瓦，也無法解釋人為什麼會笑。人類是唯一會笑的動物，或許人類的最高祕密就隱藏在笑裡面吧！杜斯妥也夫斯基說：「我覺得可以由笑來了解人。對初次見面的人，如果他的笑臉使我心情愉悅的話，我就會認為他是個好人。」（『死屋手記』）。

人為什麼會笑？如果要以任何人都能明瞭有條有理地說明的話，恐怕就沒有人會笑了。人正是因為不知道自己為何笑而笑。

據卓別林說，他笑的基本就是鴨子般的走路方式，但花了很多時日練習才變得熟練。這個點子的來源是他年少時，在路上看到風濕的老人跛著腳的滑稽模樣。卓別林模仿這個老人的走路方式，然後在母親面前表演，母親雖然責備他不該嘲笑別人的不幸，但還是忍不住地笑了出來。日後成了電影演員的卓別林，就經常思索這種走路方式，每天不斷地練習，結果不管何時只要一表演這種走路方式，就一定會惹人發笑。

在大鏡子面前練習這種走路方式的卓別林，不知是否也會覺得好笑。電影裡幾乎沒露過笑臉的卓別林，或許看著鏡中自己的滑稽模樣，也會不禁捧腹大笑吧！

泥沼般的少年時代

前面說過卓別林的註册商標是流浪漢的裝扮，這正是他窮苦少年時代體驗的影射。他曾說：「我覺得自己就好像夾處在大人中間的孩子似的。」二十幾歲就名列美國富豪行列的卓別林，因為無法忘懷窮困的少年時代，而一直持續著流浪漢的裝扮。描述棄兒及養育他的貧窮男子的故事『孩子』（一九二二年），和描述與狗一同生活的男子的故事『狗的生活』等，就是卓別林自己貧困少年時代的體驗。不，應該說他透過這些作品來描述自己的體驗。

他回顧少年時代說：「宛如泥沼般的悲慘生活。」出生後一年，卓別林的父母便分居，他跟著母親，與年長四歲的同母異父的哥哥在倫敦的斯拉姆街長大。父親常拖欠贍養費，離開舞台的母親便靠縫紉等女紅維持家計，過著吃不飽穿不暖的貧困生活。因為沒錢買衣服，所以經常穿得破破爛爛的；因為沒鞋，他便穿著母親的鞋子走到貧民救濟所去，拿回一天僅有的一餐。

後來母親精神受到打擊住進精神病院，孩子便被送到救濟院去。

卓別林的母親數度進出精神病院，但精神病始終沒有痊癒，不過卓別林對母親只有美麗的回憶，他在自傳中寫道：「母親看起來像花朵一般。」曾在舞台上唱歌、表演，稍具知名度的她，也在家裡表演給孩子看。

「母親的表演是最棒的！看母親的表現讓我明白，我不僅可以用手和臉表現感情，也可以跟人學習。」

對卓別林來說，母親是他啟蒙最好的老師。

卓別林能訴說對母親的美好回憶，可見即使在貧困的生活中，他也沐浴在母親的情愛裡。對孩子來說，最重要的是自己受父母疼愛、重視的感覺。做父母的只要疼愛孩子就好了，其他與此相較根本是微不足道的。雖然處於絕望的狀況裡，卓別林也沒有成為不良少年，可見他一定強烈感受到了母親的情愛。

卓別林也記下了自己被救濟院收容時，和被別家救濟院收容的母親見面時的感動。當時，年幼的卓別林在長滿頑癬的頭上塗了碘酒，用手帕包著，非常難看。

「母親大笑著抱住我，親吻我，還對我說：『你不管多髒還是很可愛。』這番親切溫柔的話語我至今仍難忘懷。」

『孩子』一片中，當自己親手養育的棄兒被強迫送到孤兒院時，卓別林便以超人的跳躍奪回孩子，一想到構思出如此感人場面的卓別林，腦海裡或許迴盪著母親的這番話，就不禁感傷起來。至少，這裡的確反映了他親自嚐過的孤獨體驗。

『摩登時代』一片中也有少女被送孤兒院的情景，而扮演流浪漢的卓別林數度進出監獄，或許對大人來說是監獄的地方，對孩子來說就像孤兒院一般吧！

卓別林的電影中雖有許多令人發笑的甘味料，但也有他少年時代痛苦經驗的回顧。

邁向大富豪之道

俗話說，金錢、名譽和女人是男人產生活力及工作意願的原動力。所有的努力和學習，都是以這三個可以實際感覺到的成果為報償。這三者雖非人生目標的一切，但對男人來說多少是必要的。

首先來談「金錢」，對體驗過「如泥沼般」貧困生活的卓別林而言，這是生死攸關的切身問題。他真正明白自己的才藝與「金錢」的關係是五歲時，首次登台表演的時候。當時，母親在小型的音樂廳表演歌唱，有一天，她歌唱到一半時突然失聲了。於是站在一旁的卓別林便被拉上舞台，代替母親表演。

他因常常在舞台旁聽母親唱歌，所以歌都背下來了。小小的孩子，歌竟然唱得很好，觀衆大喜地紛紛把錢丟到舞台上。卓別林撿起了錢，繼續唱歌。

他並沒有記下當時收了多少錢，但卓別林在自傳裡詳細記載了自己在年少時的賺錢經驗。十二、三歲時在印刷廠打工，每週賺十二先令；學校放學後教舞，每週賺五先令；還有，哥哥的水手服拿去典當換得五先令，維持了一家三口一週的飲食等等，經過了數十年，這些點點滴滴他記憶猶新。

這一點跟年少時生活貧困，後來成了大富豪的安德魯・卡內基非常相像。卡內基也詳細記載了自己年少，為了維持家計所賺取的一分一毫。

對他們來說，年幼時辛苦賺錢的體驗，便成了日後生存的強力支柱。若非如此，功成名就的大富豪為何對數十年前的一分一毫還如此執著呢？

卓別林十九歲時加入了一個旅行劇團，收入才告安定。後來到美國參加電影演出，收入更急遽上昇，二十四歲時週薪一百五十美元，第二年變為一千二百五十美元，兩年後週薪一萬美元，到了二十八歲時年俸百萬美元，週薪則超過二萬美元。四年內增加約一百三十倍，從沒沒無聞的演員成了世界第一的高所得者。後來他獨立製片，所拍的電影更為他帶來了巨額的收入。

例如，以一年半的時間，投入九十二萬美元拍攝的『黃金狂時代』，為他帶來了六百萬美元以上的收益。

那麼，他是如何使用財富的呢？雖然也在好萊塢建了座大宅邸，但大部分仍投入電影製作裡。卓別林能隨心所欲地自由創作，就是拜這筆能自由運用的豊沛資金所賜。財富可以買到自由，但要活用自由就須具備與增加財富完全不同的能力。有大筆金錢，且供自己的才能所使用，在現代也很難見到這樣的人。

卓別林就好像為了自己的研究，而大筆使用研究費的科學家。

世界最著名的人物

至於金錢、名譽與女人中的「名譽」，卓別林曾獲得好萊塢藝術學院的特別獎、威尼斯影展的金獅獎等電影界的最高榮譽，法國影評人協會甚至推薦他角逐諾貝爾和平獎，英國牛津大學也授與他名譽博士學位。當然，這些都是名譽，但身為電影導演及演員的最大名譽就是受到觀衆的歡迎。在這一點上，他早就獲得成功了。一九一六年，卓別林參與電影演出後二年，法國某評論家曾這麼寫道：

「他是世界上最著名的人物。現在他的名氣超過了姜努•達爾克、路易十四、克雷馬索。能與他相提並論的只有基督和拿破崙……。」

雖是誇大的說法，但在他電影推出的初期，人們就為之風靡了。在美國有卓別林娃娃，卓別林漫畫，模仿卓別林大賽，卓別林的走路方式也很流行。據說開化裝舞會時，男人十人中有九人會扮成卓別林，甚至有強盜裝扮成卓別林的模樣。對演員來說，這無異是最高的「名譽」。

一九二一年，卓別林訪問闊別九年的故鄉英國，僅僅三天就收到了六萬三千封信和明信片，包裹、電報也紛至沓來。為了處理這些郵件，他雇用了六名助手；同時也為了處理世界各地影迷的來信，他雇了能懂多國語言的祕書。

受到世界各地影迷瘋狂喜愛的卓別林，並不是洋洋自得的，他的心思反而是複雜的。當『孩子』一片在世界五十多國大受歡迎時，他想的是：「當大家拍手歡迎我時，我想這是我僅有的經驗了。或許『孩子』會是我最後的電影吧！如果真是如此，就不會有第二次站在水銀燈下的機會了。」

或許全力工作後就有這種感覺吧！而且他必定知道人心易變。也或許從事創作的人常會有這種危機意識吧！其實應該說沒有危機意識就沒有創造。

而「女人」方面不能說像「金錢」、「名譽」般的順利。卓別林一生共結過四次婚，而結婚對象除了一人是二十五歲外，其餘都是十六、七歲。但「女性」是不能像「金錢」、「名譽」般簡單地算出「達成度」的，並非說結婚次數越多越好。如果高離婚率是文明「進步」的共通現象之一的話，那文明的進步不過意味著人際關係的不良，卓別林的情形就是典型的例子。他第一次婚姻兩年就破裂了，第二次婚姻第三年便告分居，第三次是六年後離婚，直至五十四歲時與十七歲的伍娜夫人結婚後才穩定下來。

七十五歲時，卓別林在自傳中盛讚與伍娜夫人的幸福生活，但事實上他一生曾數度為女性所苦。每次離婚時都付出了巨額的贍養費，也為了爭奪孩子的扶養權而訴訟纏身，尤其是與第二任妻子的離婚訴訟，還被迫交出了剛拍攝好的影片膠捲，心力交瘁的他，還不到四十歲的年紀一夜之間頭髮卻全白了。

關於「女人」的事情，即使累積了相當的努力和學習，也很難成全男人的心願。

也是讀書家

我對卓別林的「學習」感到興趣，除了蕭本哈瓦那件事外，也因為他從演員、導演、劇本和音樂全都一手包辦，發揮了超常能力，令我佩服所致。要達到最高水準是須要相當的教養、經驗、知識和修練，用我的話說就是「學習」。

我對卓別林的「學習」特別感興趣的一點是他讀了很多書。卓別林的兒子回憶父親時說他是個讀書家，寢室和起居室擺了本厚厚的韋氏英文辭典。但卓別林並不是從小就喜歡讀書，不論是救濟院的附屬學校，或加入旅行劇團後在巡迴地學校就讀，他幾乎都沒有從中學得什麼。十四歲時，他受雇演出孩子一角，卻無法讀劇本，到了這個年紀還不識字，因此，只好請哥哥西德尼讀劇本給他聽，自己再暗背下來。

或許是因為這個經驗使他奮發圖強吧！數年後，當他經濟較寬裕時，他的向學心便開始活動了。除了置裝外，他唯一稱得上奢侈的便是買書。當時他的朋友都可證實，他有許多書，而且有空就讀書。他在自傳中也寫道：

「世上有貪婪求知的人，我也是其中之一。但我的動機並不單純，我並不是因為愛知識而求知，而是不想因為無知而受人侮蔑罷了！因此，只要有空我就上舊書店去。」

不論動機，他的讀書範圍可能連大學畢業的知識分子也不能及。他在自傳中所提及的書名、作者包括了文學的莎士比亞、威廉•布雷克、狄更斯、馬克•吐溫、惠特曼、莫泊桑等（莎士比亞的著作全都讀過），哲學的蕭本哈瓦、柏拉圖、康德、洛克、艾默生、尼采、貝爾克森等，以及佛洛伊德、普魯塔克的『英雄傳』，也喜歡讀『一千零一夜』。

此外，他對經濟學也很關心，偶而讀了某經濟學家的理論深表贊同，於是賣掉手上的股票和債券，而免於一九二九年經濟大恐慌之害。

在這些書單中，除了蕭本哈瓦外，我也對美國哲學家艾默生『自我信賴』的這篇隨筆感到興趣。這篇隨筆我最喜歡的一節是「內心確信如此的話，必能與所有的人互通」，或許卓別林對這一節也感到心有戚戚焉吧！他說讀了這篇隨筆後心中湧起自信，知道自己也有過美好人生的權利。的確，對人類而言最重要的是自信，而最能使人有這種感覺的就是艾默生的這篇隨筆。大部分的人讀了艾默生的著作後都會湧現自信。

卓別林晚年時曾這麼對兒子說：

「不論是在孤兒院裡，或為了食物而四處徘徊時，我都相信自己是世界上最好的演員。對自己要有堅毅不搖的自信，否則人生就會趨於毀滅。」

想必讀了艾默生後，卓別林更加深了這種自信吧！而能使人產生自信的就是知識和教養。

對卓別林來說，要製作出不僅令觀衆發笑，也讓人感受到某種嚴肅內容的電影，就必須從書本中學習。

蕭本哈瓦、尼采、艾默生或佛洛依德對他的電影或許談不上任何助益，但如果他對文學或哲學毫不關心的話，他的電影必定只是笑過就沒了的膚淺東西。與卓別林同時代的喜劇演員沒有創作出同樣的電影，或許就是因為欠缺卓別林的這種「學習」吧！

全都一手包辦

卓別林是製作人、演員、導演、編劇，同時也是作曲家。能一手包辦如此多角色的電影人應該不多吧！

他所作曲的『摩登時代』等電影主題曲，至今仍深受歡迎。只要是卓別林迷，一聽到這些音樂，就能立即想起電影的畫面來。

據說卓別林還未懂事時，一聽到音樂就會立刻停止遊戲，手打著拍子，頭前後地搖動。不過這是一般嬰兒都會有的反應，並不能因此就斷定他對音樂特別敏感，天生具有音樂才能。我認為音樂才能不是天生的，而是後天在豐富的音樂環境中培養的。卓別林年幼時就經常聽母親歌唱，在音樂的環境中孕育成長，稍微大一點後就坐在鋼琴前好幾小時，邊彈邊作曲。

十六歲時，劇場的樂隊指揮教他拉大提琴和小提琴，每天都練習好幾小時。他是左撇子，所以反向彈拉琴弦。

會彈鋼琴、拉小提琴的電影導演或演員並不少，而卓別林獨特之處就是他不假手他人，親自完成了電影配樂。然而，他雖然會彈奏樂器卻不懂樂譜。卓別林雖然努力學各種東西，卻沒有學讀樂譜，這一點真是匪夷所思，可能是他有自信能作出好的曲子來吧！不會看樂譜，當然也不會寫樂譜，但是，他的腦海裡卻會隨著電影情節浮現出音樂來。

當他用口哼唱或用鋼琴彈奏時，他所雇的助手就會立刻寫成樂譜，另外再加上伴奏、編曲，曲子就這麼完成了。

電影製作全由自己一手包辦，這是他剛踏進電影界就立下的目標。

「我利用各種機會，對電影事業多方面學習。因此，經常出入顯像處和編輯室，仔細觀察如何剪接。」

卓別林之子所寫的『我的父親卓別林』一書中，記載了出任卓別林電影首任製片的這番話：

「每天在攝影所忙到晚的只有你的父親，他實在是位可怕的學習家。」

或許有人對這樣的「學習」會感到反感吧！事實上，世上任何事都想自己做，都想弄懂的只有「學習家」罷了！若是半途而廢，這世上就不會有任何完成的事了。

發現構思的秘訣

身為電影導演，最在意的就是觀衆的反應。認為「電影的目的是讓人發笑」的卓別林，每逢新作推出時總會在電影院的一角觀察觀衆的反應。

卓別林一面是自信、不願聽他人意見的人，另一面卻又非常謙虛。他最重視的不是電影製作的專門人員，而是街上電影院裡觀衆的反應。他會在街上的小電影院試映未上演的片子，仔細觀察觀衆的反應，然後重新編輯。

他尤其重視孩子的反應。他認為：「要讓孩子高興是世上最困難的事情。」在設計要人發笑的場面，如果孩子不笑的話，卓別林就會重新拍攝。

如此謙虛地向觀衆學習的導演並不多見，這與卓別林凡事追求完美有很大的關係。

經常重拍是卓別林很有名的特點。例如『街燈』片頭有流浪漢卓別林與陌生的賣花女初次見面的重要情節。賣花女誤認流浪漢是有錢的紳士是這一景的重點，但必須不用台詞來表現，重拍了好幾次，都是在這一景裡下工夫。僅僅數分鐘的情節卻花了一個月的時間，充分表現出了他的完美主義。

完美主義對細部也很執著。在表演方面，他會全部演給演員看，然後要求他們依樣演出。而準備新作時，對登場人物的特徵和重要場面也會親自演練，然後要祕書以約定的符號詳細記錄下來。不論是小孩，老人或女性，各種角色他都能扮演。

卓別林最後之作『伯爵夫人』拍攝期間，他也親自演給主角蘇菲亞羅蘭和馬龍白蘭度看。對當時的體驗，蘇菲亞羅蘭說道：「人們說我是傑出的女演員，但事實上我不過是個小姑娘而已，我現在才知道什麼是真正的表演。」

如果說能啟發人類新能力的，是真正的教師的話，那麼卓別林就是這樣的教師，能學也能教。但要教得好就須事先準備明確的印象和超群的構思才行。卓別林在製作新片時，最辛苦的就是發現新構思，為了尋求構思常花上二、三年的時間。

卓別林是如何發現構思的呢？他在自傳中說道：

「長時間來的經驗，我發現只要一心尋求構思就必然會來到。在尋求的過程中，心靈就會攫取任何能刺激想像力的東西——或許是一段音樂或是黃昏的落日。」

卓別林也透露他發現構想的秘訣：

「針對會刺激你心靈的對象不斷追求，向下挖掘。等到沒有更多的發展了就放棄，再尋找其他對象。從許多東西中一一篩選，就是發現你所須要的捷徑。

那麼，如何抓住構思呢？就是要有能忍受將近發狂的能力。要培養能容忍苦痛，能長久熱衷的能力。」

忍耐與集中力——科學家牛頓對大發現的秘訣也有同樣說法。但與終生孤獨的牛頓不同，卓別林每逢電影製作開始時，就會忘了時間地埋首工作，「丈夫根本不在乎我」而導致年輕妻子的不滿，這也是他數度離婚的最大原因。

不光是笑

以『審判』等意識流文學而聞名的法蘭茲·卡夫卡，觀賞卓別林早期的短篇電影後說道：

「卓別林的雙眼對低俗的東西會燃起絕望的火焰，但他並沒有投降。就像一位真正的喜劇作家，他具備了猛獸之牙，要用利牙攻擊世界。」

卡夫卡看出了卓別林笑中帶「毒」，因而吸引了衆人。例如，以大量笑料描述戰爭的愚蠢，和士兵悲慘模樣的『扛槍』（一九一八年），因其內容涉及反戰，發行公司便要求他重新編輯；又如逃獄的囚犯化裝成牧師而引起騷動的『假牧師』（一九二三年），就遭美國幾個州禁映。卡夫卡因於一九二四年去世，所以沒有機會觀賞卓別林的長篇電影，如果他能觀賞到對社會與權力強烈批判的『摩登時代』（一九三六年），或『獨裁者』（一九四〇年）等片，必定會注意到卓別林的「猛獸之牙」又磨得更銳利了。

更能讓人感受到卓別林所說的「嚴肅內容」的，是『摩登時代』以後的事。這部電影的構思是來自新聞記者的一段話，即汽車城底特律是年輕、健康的農夫們所嚮往的大工場，但工作四、五年後，每個人都得了神經衰弱症。卓別林在自傳中說這是「可怕的故事」，而新聞記者若無其事的話就引發了他的構思。

不光是笑而已，卓別林注意到了這一點。結局是在機械世界中受擺佈的男子，為了拾回自己而展開惡戰苦鬥，這對二十世紀末的現代人來說，也是很有力的控訴吧！著實是第一流的工夫，但任何人都會注意到這不是笑過就算的電影，相反地，在齒輪世界中掙扎的主角簡直是自己的翻版呢！

第二次世界大戰初期，面臨希特勒德國蹂躪歐洲的事實，也是很難讓人發笑的。卓別林呼籲美國參戰，以挫希特勒的野心，因而得到了一個新構思。當時的美國少有正視希特勒德國的風潮，好萊塢也控制批判希特勒電影的製作。在這樣的情勢中，要製作正面批判希特勒的電影『獨裁者』更須要相當的勇氣。在製作過程中，卓別林也收到了威脅信，周圍尚有反對電影製作的聲音，但他一點也不在意。

他觀看了有關希特勒報導的膠捲，看希特勒跟孩子說話，抱著嬰兒，到醫院探視病患，在大衆面前演說等，卓別林研究他的各種姿勢，他說希特勒是「高明的演員，連我也比不上他」，但德國人對卓別林模仿希特勒如此神似也很驚訝。事實上，他們的臉形和體形都很相似，因為生日僅僅差了四天而已。

卓別林的訊息

片長二小時以上的『獨裁者』最讓人印象深刻的，是原為猶太裔的理髮師，成了獨裁者後在士兵面前演說的最後六分鐘。當時，演員面對鏡頭說話是電影製作上的禁忌，但卓別林卻打破了這個禁忌，直接向觀衆說話，也就是直接傳達他的訊息。此演說內容簡略如下：

『我們希望大家能互助合作。人類本就當如此，我們不是因他人的不幸，而是因他人的幸福而生的。

士兵們，你們不是機器，是人，是有愛人之心的人。不要憎恨，唯有不愛人、沒被愛過的人才憎恨。不要為奴役而戰，而要為自由而戰。你們都有使人生更加美好的力量，每個人都應攜手來動員這個力量。

獨裁就是只有自己自由，而把人民當成奴隸。現在世界不是為解放而戰嗎？為了打破國與國之間的障礙，驅逐貪婪、憎惡和不寬容，建立理想世界，建立以科學和進步引導我們走向幸福的世界，大家作戰吧！在民主主義的旗幟下，大家手攜手心連心吧！』

我常想這個演說場面應該是電影史上最令人感動的場面吧！有人說加入這段演說的話，票房收入會減少百萬美元，但卓別林回答道：「即使減少五百萬美元我也不在乎，我就是要做！」

許多人注意到卓別林的電影不光是笑，就是由於『獨裁者』這篇演說。他在一九四一年羅斯福總統就職大典上朗讀全文，由全美廣播電台轉播。這篇演說媲美林肯總統的蓋迪斯堡演說，還有人把它印成聖誕卡。卓別林在片中的演說想必給人強烈的印象。

戰後這部電影在德國上映時，批評家說是「令人不舒服的傑作」，年輕人大笑，老年人則因罪惡而哭泣。戰爭雖然結束，但卓別林的「猛獸之牙」並未休息，『殺人狂時代』（一九四七年）片中描述因股票大跌而破產的銀行員，接連殺死有錢的寡婦，奪走其財產而被處死刑的故事。被判死刑的主角向法官說道：「這個世界不是獎勵大屠殺嗎？不是為了達成大屠殺的目的而製造毀滅性武器嗎？」執刑前主角又吶喊道：「殺一人是壞蛋，殺百萬人卻是英雄。」

卓別林的訊息，無疑是批判製造核彈頭等大量毀滅性武器的美國政府。

就在這時候，美國掀起了麥卡錫主義的風暴，好萊塢也成為其標的，有進行反體制破壞活動嫌疑的影人，都被判有罪下獄，卓別林在這場旋風中，也名列「威脅國家安全的危險人物」名單中。當然，他不是社會主義者或共產主義者，如果硬要為自己貼上標籤的話，那他就是無政府主義者，或頑固的浪漫主義者了。卓別林因電影裡所含的「毒」被國家視為危險人物，媒體也以他在女性方面的醜聞大加撻伐，『殺人狂時代』在美國許多州都禁止上映，華盛頓國會也提議禁止其上映。

就這樣，當卓別林於一九五二年乘船由紐約前往英國訪問後，美國政府便公告不許他回國，事實上他等於被美國放逐了。之後，卓別林一家定居瑞士，在倫敦所拍攝的『紐約王』（一九五七年）就是由此體驗所產生的作品。如今笑聲被隱藏，「嚴肅的內容」被推出，不再令人覺得好笑了。

一九三一年卓別林接受訪問時說道：「愛國心是世界上最瘋狂的事。愛國心盛行的結果就是新的戰爭。」之後，事實正如他所說的，還不到十年戰爭就爆發了。卓別林的電影讓人體驗到笑的快感，但笑中使人注意到人類、社會和世界所呈現的愚蠢和不合理。隱藏在卓別林笑聲中的是將這些呈現在人們眼前的力量，世人所稱為批判精神的。這個批判精神告訴人們大笑是很好的，但有時不能只是笑過就罷了！

卓別林的電影很了解二十世紀這個時代，也是嘲笑這個時代的寶貴藝術之作。

馳騁大江戶的「能幹者」

——平賀源內

人類約可分成二種，一種是對事物的關心，和想著手限於某種範圍的工作，超出此範圍便視而不見的人；另一種是每遇到什麼就有新開始的人。前者稱為收斂型，後者稱為分散型。而世人稱為「天才」，其業績留於後世的人則多屬於收斂型。

里奧納多．達芬奇被人稱為「萬能天才」，能做各種事情，但仔細調查其業績會發現，他的「天才」也僅限於繪畫世界。集中能產生打開未知世界之門的力量，歌德在『浮士德』中說：「若想要幸福，只要生活在狹小世界中就行了。」開闢新世界完成大業的，幾乎僅限於生活在狹小世界中的人。

有一位拒絕將人生收斂於狹小世界，凡事都願嘗試，而給人留下深刻印象的日本人。他就是生於江戶時代中期的平賀源內（一七二八～七九）。

平賀源內在半個世紀的生涯中不斷追求新奇事物，自稱是古今的大山師，後世的歷史家也稱讚他是大江戶的構想家，能像他這樣擁有廣泛的好奇心，在各個領域踏出光輝足跡的人著實少見。他屢屢創出「日本第一」的事蹟，日本最早畫西洋畫的，編織毛織物的，將電氣現象介紹到日本的，在江戶時代開創以滑稽為宗旨的新文學潮流的，利用石綿製成不會著火的「火浣布」，全都是源內先生。

此外，他研究動物、植物、礦物，完成以藥用為目的的本草學、活躍於開礦事業、創作滑稽文學和淨琉璃劇本，並不惜將其文才投入廣告撰文中，也曾為了生活製造、販賣女用雜貨，過著複雜多變的人生。

源內生長的江戶時代，因鎮國和身份制度，鼓勵人生活在狹小的世界裡。而違逆此種時代潮流的源內，卻相信分散擴及廣大世界的力量，較收斂的力量更具價值。「廣而淺」就是他一生生活的原理，因為不必深入，所以他能體驗、享受廣大的世界。如果他能集中全副精力於本草學的話，或許就能打開新植物學之門，為後世開創輝煌的偉業了，但他只是輕輕叩門，打開一點縫隙而已。他接連打開了許多門，瞇著眼窺伺未知的世界。像這樣，在廣大世界中馳騁就是他的生活方式。馳騁於大江戶的「能幹者」——就是源內這個人。

機智

關於源內言行的傳聞很多，但不論真偽，給人最強烈印象的就是他富機智，頭腦靈活，而這一點似乎令在他身旁的人深感佩服。杉田玄白在『蘭學事始』中有這樣的記載。

源內、杉田玄白和幾位朋友到江戶去拜訪荷蘭商館長，荷蘭商館長拿出荷蘭珍奇之一——智慧環給他們看，請他們一一試著解開環，但沒有人解得開。最後輪到了源內，他只稍微想一想，就巧妙地解開了智慧環，此舉令衆人大吃一驚。

這是怎樣的智慧環我們不清楚，我小時候也玩過智慧環的遊戲，模到訣竅後就知道那不過是哄小孩的簡單把戲罷了，但對頭一次見到這種東西的人，即使是有智慧的大人也很難解開。源內的機智和靈活的頭腦令人驚訝，是無可厚非的。

此外，也有這麼一則軼事。有一次，有人問源內：「為什麼要將溺斃的女人稱為土左衛門？」將溺斃者冠以土左衛門這個男子的名字，是江戶時代享保年間（一七一六～三六）以後的事。當時有位名叫成瀨川土左衛門的力士，身材非常肥胖，像是溺水膨脹後的屍體一般，所以有此稱呼。

源內先生所接受的，乃是稱為無理問答的語言遊戲挑戰，這就好像大正時代東京車站前建了圓形大廈和海上大廈時，人們問：「明明是四角形的大廈，怎麼說是圓形大廈。」「明明在陸地上，怎麼說是海上大廈？」之類的無理問答。

源內先生是怎麼回答的呢？他答道：「女人也有叫助兵衛的呀！」原想以難題考倒源內先生的出題者，對他機智的作答極感佩服。

的確，這種機智是令人欽羨的才能，但長處也很容易變成短處，過於機智，臨機應變的適應能力越高昂，就可能欠缺內省力、持久力和集中力。當時的人看著「能幹者」源內先生的變化，不也是如此令人眼花撩亂嗎？

他多方面展現的關心及才智，幼少時代起就已顯露出來，而他的才華也很早就受人矚目，人稱為「天狗小僧」。十二歲時，他想出一種名叫「神酒天神」的機關，就是在畫有天神的掛軸前擺著酒壺，當裝在軸內的線被牽引時，紅紙就會印在天神臉的內側，臉看起來就一片通紅。

我想這不全是少年源內獨自的構想，而可能是由某種啟示所得的，畢竟讓天神的臉通紅不像是孩子玩的把戲。據說他也會畫天神，雖然不是什麽極高的才華，但也非常能幹了。

這位「天狗小僧」受過什麽教育，怎麽學習的呢？有一些事實是確定的，十三歲時，他跟從養育他的高松藩醫生學習本草學，跟儒學者學習儒學，也很喜歡讀『太平記』等戰記。

儒學是江戶時代的一般教養，是求學者的必修科目之一，本草學則是專門科目，通常只傳受給有特別才能和興趣的人，可見源內自少年時代就對這方面特別感到興趣。此外，他也很早就會做俳諧，幼少時的俳句「霞落峰瀧」就傳誦一時。可能是他看到美麗的彩霞穿過瀑布的流水，而產生的構思吧！

不論古今都可見這種多才多藝的人，但要將其才能和好奇心擴大，就須有衝擊性的刺激使其由內顯於外才行。以源內而論，就是長崎遊學的體驗。

學習的功過

源內首次赴長崎是二十五歲的時候，在此之前藩主已經注意到了他的才能。當時，他並非依個人的意志和計畫遠赴長崎學習，而是藩主命令他去的。據記載，源內曾任好學的高松藩主松平賴恭的助手，研究本草學，因此「奉命至長崎，憑其奇智奇才學習荷蘭的事物」。就像現代社會中，優秀職員奉社長之命到國外著名的商業學校進修一樣。

對鎖國的日本來說，當時的長崎是唯一接收海外文化的窗口，至幕府末期為止，這是有好奇心和向學心的人，所能駐足的西洋文化接收地。雖說是西洋文化，也僅限於被允許在長崎通商的荷蘭人而已，也就是透過荷蘭人來窺伺西方。不過當時的荷蘭是在世界上有廣大支配圈的先進國家，所以只要來長崎就能接受世界的最新訊息。

源內在長崎停留的一年內到底學到了什麼，體驗了什麼？雖然沒有記載，但他必然讀過荷蘭文的植物學、動物學的著作，且見過令人佩服的溫度計、望遠鏡、顯微鏡、地球儀或由中國、荷蘭進口的奇珍異寶。例如，智慧環，或許當時他就接觸過了。總之，經由與異國文化的接觸，源內的好奇心與向學心必然受到極大的刺激。從長崎遊學歸來後的第二年，他就向藩主辭職，將五年前繼承自父親的家督一職讓給妹婿。

平賀家所世襲的藏番屬於足輕級的最低一級，對受到新世界吸引的人來說，要將藏番當做一生的工作是難以忍受的。解除藏番之職的源內，以本草學研究員的資格仕主君，但不久他就覺得在宮中工作很無趣，便向藩主辭職了。

前面敍述過了，源內生逢衆人皆封閉於狹小世界的時代，而異國的學問知識便使他自覺到自己世界的狹隘，是誘發他涉足廣大世界的刺激劑之一。以職業世襲為本的身份制度社會是不鼓勵人學習的，即使獎勵也是在有限的範圍裡。在這樣的社會裡，教育與學習經常蘊藏著危險，畢竟由學習而了解世界之廣闊的人，是會想脫離狹隘的世界，無視身份制度等社會既存的約束。

由長崎遊學歸來的源內就置身於這種狀況中。因長崎遊學所帶來的衝擊，源內便向藩主辭職，放棄家督一職並前往江戶。不單是為了遊山玩水，也是要向江戶這個廣闊世界學習，累積體驗。這就好像現代被派至海外商業學校就讀的優秀職員，發現在公司外竟有如此美好的新世界，便離職繼續研究，甚至獨立創設顧問公司的情形一樣。

源內至江戶旅行時，留下了這麼一句名言：

「不願成為井中蛙」

豈不正好道盡了職員辭去工作時的複雜心境嗎？

如夢如幻的人生

平賀源內一生吸引人之處就是受好奇心、才能和野心的牽引，而有出乎意料的發展。他二十九歲前往江戶時，這一生的軌道似乎已經決定了。他的目標就是持續十幾歲時便開始的本草學研究，抵達江戶後，便投入當時著名的本草學者田村元雄門下。

田村元雄是研究藥用朝鮮人參的學者，人稱「人參博士」。當時人參是由中國進口的，非常昂貴，因此，本草學者研究的重點便是能否在日本國內生產人參，而獲得成功的便是田村元雄。源內抵達江戶後七年，幕府於江戶的神田設立人參座，專賣藥用人參，田村元雄因負責栽培藥用人參而被拔擢為幕府的醫官。另外，出身商人世家的蘭學者靑木昆陽，因向幕府進言栽培甘藷以為救荒用遂被錄用，這就是學者開闢仕進之路的方式。這一點源內也應該很清楚，或許他就是打算成為一名學者。

源內在田村元雄門下研究本草學的同時，也進入幕府的學問所湯島聖堂林家學習儒學，此外，為了學習本草學中的「名物學」（研究動植物名稱的學問）也師事國學家賀茂真淵，發揮旺盛的學習慾。儘管後來他被人戲稱是山師或騙子，然而剛開始時他可是認真的。

平賀源內的本草學工作是收集、展示各種藥用植物、動物、礦物，研究其名稱、形狀、效能等，並舉辦物產會，著有『物類品隲』（品隲即品評）一書，此外，在本草學上也有數種發現。

物產會以往都在大阪和京都舉行，但源內抵江戶的第二年，在田村元雄的建議下首次於江戶舉行。此後，物產會每年皆舉行，而規模最大的一次是源內三十五歲時所舉行的「東都藥品會」。全國三十餘國共有一千三百多種產品參展，對本草學者和收藏家而言，是接觸各種珍品的難得機會，就像是個小型博覽會似的，但會期僅一天，只限參展者入場，是專為專家所舉辦的博覽會。

現在仍存有源內所撰寫的「東都藥品會」邀請函，耐人尋味的是為了聚集全國各地的參展品，建立了相當於現代的限時專送網路。參展品首先送至關東以西、長崎等二十四處代辦所，然後再由代辦所收集至江戶、京都、大阪等三處領收所，最後再送到源內處，歸還時也以同樣的路線進行。代辦所和領收所各有負責人，多半是本草學者或是地方上對本草學有興趣的好事者。當然，這多是出於田村元雄之力，但這些人願意協助源內的計畫，也證明源內人脈雄厚且在諸國頗負盛名。

從全國收集而來一千三百餘種參展品中，選出三百六十種記下其性質、效能、利用法等的『物類品隲』，深具本草學的價值，其中有關藥用人參與砂糖原料甘蔗的栽培法部分，最受人注目。因爲人參與砂糖的國產問題乃當時日本的急務。抵達江戶後數年，便成為名本草學者的源內，立下了遠大的計畫，他在某書的卷末預告了出版計畫，包括『日本穀譜』『日本草譜』『日本石譜』『日本木譜』『日本魚譜』……，似乎是集日本動、植、礦物之大成的圖鑑，即「日本博物學大系」。直至目前為止，尚未有人獨自完成這類的大部頭著作，如果源內辦到的話，那就是日本的第一人了。

但是，如此氣勢壯大的著作，一冊也沒有完成，源內先生便開始馳騁於大江戶。

自在地生活

人類生活於各種制約中。江戶時代的武士與現代的上班族究竟何者自由？是很難斷定的，或許在供職的這一點上是同樣無聊的。要走出組織、逃離這種無聊，不論古今都需要相當的勇氣和覺悟。

來到江戶的平賀源內依然供職於高松藩，擔任「藥坊主格」一職，專任本草學的研究和物產會的準備，另一方面則須受命採集藥草，尋找珍奇貝類。就藩主而言，是把能幹的職員暫時派至江戶研究所，必要時也幫公司的忙，並計畫將來昇任他為本草學的專門職員。但能幹的職員卻超越了社長的期待。

源內至江戶的第五年，這時三十四歲，向藩主提出辭呈。他親筆寫的辭呈「祿仕拜辭願」仍存留著，讓我感到興趣的原因是這樣的……。

源內寫道：「希望擁有餘暇，做自己想做的事情。」總之，他因為想專心做自己想做的事而希望脫藩，確是相當有自信而又大膽的辭職理由。要在社會上任性、隨心所欲地生活是很困難的，但這封任性的辭呈被接受了，源內遂成了漂泊的浪人。而源內研究家的爭論是藩主同意他辭職時，是否有附帶條件？給源內的辭職同意書的正本已經失傳了，只剩下抄本，而抄本上的但書有人認為是禁止到他藩就職，也有人認為是可以自由到他藩就職。真相如何不得而知，但我較贊同後者，因為從源內日後的言行看來，可以推定他是自由之身的。

例如，源內書簡中記著獲准辭職的第二年，川越藩就邀他到其麾下任官，這件事以後又出現了幾次。源內自己並沒有說過想再任官，只是周圍的人都認為他既是自由身，便極力建議他再就職。源內在某書簡裡也寫著許多人勸他任官一事，但若是貧乏的大名，他就不予理會。有些研究家分析這是源內故意擺高姿態，但我認為這確是他的本意。

最後，源內並沒有到任何地方任官，當時的心境他自己這麼寫著：

「……浪人生活貧樂與共，雖不如事奉主人般可得二百石或三百石的米粒，但一想到可隨心所欲便不以為苦」，「僅僅二百袋或三百袋的米粒就綁住我的腳，使我無法自在步行」等，可見他極富自信。

但另一方面源內又自喻是一日可走千里的名馬，感嘆無識此名馬的「伯樂」。源內一直在尋求能讓自己充分發揮才能和知識的主君，他所期待的不是地方的「貧乏大名」，而是中央政府最具實力的人——田沼意次。

益國的思想

田沼意次為幕府最具實力的人是十八世紀後半，一七六〇年後的二十七年間，與源內馳騁於大江戶的時代約略重疊。一言以蔽之，此田沼時代就是大加獎勵振興國內產業的時代，與本草學的關係則是於江戶神田設人參座，專賣人參。將昂貴的進口品人參定為國產，是振興產業的重要項目之一。

田沼意次與源內的相遇，是源內在江戶數度舉辦物產會的時候。推進殖產興業政策的幕府，當然會注意到收集日本各地珍品的物產會，在青木昆陽的引介下，源內見到了田沼意次。田沼意次似乎一開始就很欣賞源內的才能，贈與小判百兩給初見面的源內買點心吃。小判百兩在當時是一筆大數目，惡名昭彰的田沼意次竟然會這麼做，真是匪夷所思，若說是源內送給意次的獻金倒較自然。

我想可能是源內為了這次會面，而準備了稀珍奇寶獻給意次，意次再以小判百兩回謝吧！後來，源內又將自己開發的秩父礦山所生產的鐵，作成刀劍獻給意次。贈送珍品，使對方驚喜是源內慣用的手法，日後當他前往秋田開發礦山時，所帶的望遠鏡和顯微鏡等，也使初次見到西洋珍品的奧羽人讚嘆道：「真是通曉百事的博識通才」。

脫藩後成為浪人的源內能宣稱：「若是貧乏大名就不予理會。」必是期待與幕府建立關係。而受到當時的權力者田沼意次的青睞，是源內最感誇耀之事，從這時候起便開始了源內的新人生。獲准脫藩三個月後，源內受幕府命令製造「御用伊豆芒硝」。

芒硝就是現代的硫酸鈉，取自天然的芒硝石，漢方將其當成瀉劑和利尿劑使用。當時全都由中國進口，源內則於伊豆山中發現，將此獻給幕府之後，便受命製造御用伊豆芒硝，成功製出了第一批的國產芒硝，也是他身為本草學者的功績之一。此外，源內並發現了許多礦石。

將朝鮮人參、砂糖、芒硝等，以往全仰賴中國進口的改由國內生產，是當時本草學者的一大課題，源內的工作也就在此。從此，他便逐漸自覺到「益國的思想」。

當時日本雖採取鎖國政策，但仍與荷蘭、中國進行貿易，貿易結果是大量的入超，許多銀、銅流出海外。因此，必須盡可能在國內生產輸入品，阻止銀、銅的流出——簡而言之，就是「益國的思想」。

源內在『放屁論』戲文的結尾說道：「我只想做對日本有益之事。」意思是撰寫無聊、可笑的文章並非自己的本業，事實上自己為國家盡了許多力。這也有一半是自我辯護的話，或許戲作家源內真的認真思考過國家的益處吧！至少，他的確不認為戲作是自己的本業。他曾這麼寫著：

「西行、兼好沒有想過為君、為國盡忠一事，只是做個歌詠的乞食和尚，沒有比他們更怯懦的和尚了！我不想與他們同類，我要把自己有限的智慧貢獻給國家。」

「能幹者」源內的活動看似支離破碎，但在此「貢獻給國家」的意圖上，卻出現了一個匯合點。

直至末代的功勳

源內「貢獻給國家」的功績之一就是毛織品。

十六世紀後半葉，歐洲生產的毛織品首次進口日本。葡萄牙文稱毛織品為羅紗，是極昂貴的進口品，織田信長和豐臣秀吉就很喜歡將最高級的羅紗披在鎧甲、甲冑上，當成陣羽織。在江戶時代，若非富賈，就買不起羅紗羽織。

源內先是在長崎遊學之際，將四頭綿羊帶回故鄉飼養，後來前往江戶，便委託故鄉的親戚、朋友飼養，並且寫信囑咐他們不要讓羊吃得太多，以免撐死。人雖在江戶，卻經常注意到毛織品的製作。經過幾次的失敗，終於成功地織成羅紗，並且命名為「國倫織」。當然，這是日本最早的壯舉，源內自己也感到很自豪，但不知怎地，周圍的人卻半信半疑。他又飼養了更多的羊，計畫大量生產羅紗，並且遊說鄉人出資。

但他的計畫並未得到幕府要人的贊同，遊說了幾位藩主也不得要領。或許源內所織成的羅紗還不精良吧！或是源內本人並不足以信賴，也可能是人們一開始就不認為日本能織出羅紗來吧！源內死後約二十年，幕府欲於國內生產羅紗的計畫也未實現，直至明治初期，羅紗全都仰賴進口。附帶一提，明治初期，毛織品的輸入額約占日本總輸入額的二成，政府終於計畫要生產毛織品。源內的嘗試早了一百年，如果當時有人接受他的建議，或許這百年內，日本的經濟和日本人的服裝都會有所改變吧！

與毛織品的情形同樣的，為了益國而提議但未實現的就是陶器的製造。源內二十多歲時曾於故鄉學習製陶技術，之後約十年第二次前往長崎遊學時，知道天草有良質的陶土，便將它運至長崎用來製陶，他認為外銷後，將可獲得許多利潤。

源內將記載天草陶土運至長崎的路線、技工的分配等『陶器工夫書』，呈給長崎的代官，並說明如果在長崎燒陶，銷至中國、荷蘭，以日本之土換取中國、荷蘭之金的話，就是一項流傳後世的功勳了。

但是這建議並未被接受，因此，源內便於故鄉展開名為源內燒的製陶業，由他構思，技工燒製，其中畫有世界地圖的盤子至今仍存留著。

儘管如此，像毛織品和陶器等，這種與世人疏遠的東西，卻有人要推動，在當時應該是很難令人理解的吧！尤其是對身份和職業皆固定的江戶時代的人而言，必定會越有此感。但是源內超越了職業和產業的障礙，不顧一切地去進行。限制人類能力，使人生變得乏味的，就是「我不可能辦到」的心。

源內深知凡事只要學習就會，他也有相當的自信和餘力，能根據需要和意欲培養任何知識和技術。仔細想想，沒有人一開始就是專家的。任何的專家和名技師都是由零出發的，只要努力每個人都可以闢出一條名人之路。

運用耳學問的才能

「什麼事都能做」的源內做不到的一件事就是學習荷蘭文。但與其說做不到，還不如說是沒有耐性和時間。他雖然買了昂貴的荷蘭文植物學、動物學的著作，卻始終沒有讀懂。

杉田玄白的『蘭學事始』中載有將荷蘭文醫學著作譯成日文的情形，但與杉田玄白等翻譯群交往密切的玄白卻沒有參加。當時因為沒有好的字典，所以大家常為了一句荷蘭文的意思一整天思索著，這種苦心慘憺的模樣源內想必也有聽聞，他必定是認為如果這麼學荷蘭文的話，那其他的事都做不成了。

但荷蘭文是學習西洋新知，尤其是本草學的最新知識所不可或缺的。源內荷蘭文的程度僅限於單字的發音，幾乎無法閱讀文章。但周圍的人卻以為源內先生懂荷蘭文，這是因為他受幕府之命翻譯荷蘭文，而第二次遊學長崎。此行的目的是翻譯荷蘭文的植物學著作，而他卻幾乎沒有著手，只是一意地在天草挖陶土。

但他對荷文「似乎很懂的樣子」，是因為常見到來江戶的荷蘭人，透過翻譯而學到的一些皮毛，因此，他的荷蘭學可以說是「耳學問」。我們不能小覷「耳學問」，雖然有些人沒讀書，卻因「耳學問」而產生特殊的構想。在「耳學問」上多下工夫去努力一定會有所收穫。源內獨特之處就是那能運用「耳學問」的才能。

例如，他頭一次見到荷製的溫度計便深感興趣，花了三年的歲月製作成功。當時，荷製的溫度計非常昂貴，在國產主義與益國思想的引導下，他受到荷人簡單說明的啟發，成功地作出仿造品。這就是源內的「偉業」之一。

說到源內的「偉業」，衆人皆知的就是電氣。他不是發明電氣，而是第二次遊學長崎時得到了個壞的電氣，經過七年的時間才修復。

在這裡他也充分發揮了運用「耳學問」的才能。

這是利用玻璃圓筒和錫箔的摩擦而生電的裝置，當然，當時日本沒有人理解生電的原理，源內也不過是知道箱型的破損裝置修復的話，箱上突出的銅線便能發出火花罷了！這種發電器是歐洲於一七四〇年代發明的，而源內在長崎得到手不過是三十年後的事。此外，雷電在一七五二年由美國的富蘭克林獲得實證後，電學便成了西洋的最新科學。即使問荷蘭人電的原理和構造，也是無法得到滿意的回答。

這正是一種暗中模索，源內運用「耳學問」知道雷、電的關係，再運用想像力組成了不知所以然的代替品。附帶一提，日本人首次明瞭電的原理是源內去世三十年後的事，橋本宗吉在『究理學』這本書中，詳細記載了其構造和製法。修復電器的源內與橋本宗吉可以說是日本電學之祖。

關於電的原理，源內曾嘗試動用中國自古相傳的陰陽之理和佛教教義來說明，但修復成功後，他的興趣便轉移到利用方法上了。他宣傳這是「使人體出火，能治病」的醫療機器，而大賺一筆。他把放電的火花給人觀賞，並且設宴邀請大名和幕府的要人。比起科學的原理來，他似乎更關心如何應用。

不明瞭電的原理，卻能加以修復，的確偉大。年幼時他就製作「神酒天神」的機關，而每個人都想不通的智慧環他卻解開了，他的才智使他能意氣風發地說：「凡由荷蘭來的東西，我國都可以製造。」這一點我想加以說明，至此都是運用不夠充分的「耳學問」知識得來的，一般而言，對事擁有充分的知識是很少見的。遇到新事物時必然會伴隨新的領域。源內是經由怎樣的錯誤教訓而成功地製造溫度計，及修復電器呢？我們不得而知，但至少是可以這麼來形容他。

在不充分的知識中可以達到何種程度，人類的力量在此受到考驗，但「學習」的機會也在一旁等候著你呢！

不消說，源內當然是很努力地「學習」。

古今之大山師

「能幹者」源內對任何事都會接觸，不會專注於某一件事上，但他卻得長期經營秩父的礦山事業。

他是怎麼開始礦山事業的呢？首先可想到的是當時幕府為鑄造新的貨幣，而於各地開發礦山，在益國思想及賺錢主義的野心下，他便利用了幕府的政策。這種能機敏地對應時代新潮流，更是他的一項偉大才能。

源內曾於秩父發現石綿，而製造出珍奇之物「火浣布」，這也是源內的一項創舉。用石綿織成的布塊不會燃燒，而塗上墨丟入火裡後，墨會燒掉卻不損及布，就好像用火洗布似的，所以源內命名為「火浣布」。這是自古相傳的珍品，『竹取物語』中也有記載。源內為此編撰了宣傳小册來販售，因深獲好評而搶購一空。之後，為找尋石綿而於山中漫步時，他在秩父發現了有開採價值的礦山。

礦石研究也是本草學者的工作之一，本草學者源內對礦石、礦山感到興趣是理所當然。但是，把礦山的開發當成一種事業，並不是本草學者的工作，而是企業家的工作了，那需要許多經費的。源內三十九歲時開始著手秩父的金山事業，在此之前他一意積蓄錢財，此外也因田沼意次之助而獲得幕府的支援。如今成了山師的源內在秩父的山中從事挖掘、選礦和提煉的工作。

「能幹者」源內必是經由「耳學問」而學到這種技術，畢竟，若非堅信自己什麼都能做，只要一學就一定會，以及實踐、努力的話，是不可能經手這種工作，他的自信也經常在信中流露出來。不過事業進展得並不順利，三年後金山就休山了。

四年後，又同樣在秩父著手鐵山事業，但一年後也休山了。不論是金山或鐵山，都沒有採掘到良質的礦石，可能是精煉技術還不夠成熟所致，不過源內也有一受挫就不再嘗試的一面。為了精煉鐵他注意到木炭，打算進行銷售。利用河川將鐵由秩父運至江戶的船運路徑早已完成，於是源內便大規模從事炭燒事業，以這條路徑將木炭運至江戶，一時大發利市。

礦山事業雖然失敗了，源內山師之名卻廣為人知，於是他又接受秋田藩的邀請，前往指導銀山的再開發。

他第二次遊學長崎時，得到了關於礦山開發技術的最新知識，同時在回江戶的途中也遍訪各地礦山，不斷地學習，就這樣成了開發礦山的專家。關於這一點，他也很自豪地自稱是「古今之大山師」，他會二度向開發礦山挑戰、足證他對礦山是何等地感興趣。在秋田時他調查各地的礦山，進行各種指導，成功地開發了礦山。這項工作使他獲得一百兩的酬勞，但據他的估計，礦山一年可得二萬兩的收益。之後，仙台藩等又請他去開發礦山，從他三十五歲後約十年的時間，他就因開礦工作每天過著忙碌的日子。

戲作家

本草學的研究、物產會的舉辦、長崎遊學、火浣布的製作、陶器的製作計畫、毛織品的製作、電器的修復以及礦山事業，光是這些就讓源內夠忙的了，但他又執筆寫小說、散文、廣告文、淨琉璃劇本等。

源內三十六歲那年的秋天，以風來山人的筆名發表江戶戲作文學之始『根南志具佐』和『風流志道軒傳』，這是本草學大作『物類品隲』完成後的事情。一個是按照事實詳細記載植物、動物、礦物之性質、效能，以及人蔘栽培法的學術著作，另一個則是以滑稽為宗旨諷刺社會，充分運用想像力的小說。像這種截然不同的世界，卻同時共存於一個腦海中的例子，不是古今中外都很少見的嗎？而各種事物都能同時共存，源內頭腦必定是很精巧。源內這種左右逢源、自由進出的腦力是別人模仿不來的，也是源內這人的人格。同時，腦中能配合必要，自由地製造新點子更是他強人一等之處。

他是那種當人請他從事新工作，或遇到未知的事物時，就會向自己的才能挑戰，並一頭熱地將此當成嘗試自己才能的絕佳機會的人。像修復電器和製作火浣布，就是這麼開始的。

而寫小說也是因與源內住在同町的名出版者岡本利兵衛，請他寫幾本有趣的書而開始的。這位名出版者平時就與源內相善，了解這樣的男子必能寫出有趣的書，激起源內接受這個挑戰，於是便因此誕生了江戶的新文學。

第一本著作『根南志具佐』是由當時某歌舞伎演員，在隅田川撈蜆時不慎溺死的事件所得的靈感，描述對歌舞伎演員一見鍾情的地獄閻王，派遣使者到地上將這名演員擄至地獄的經過，夾雜著對世態的諷刺，以獨特的文體寫成的作品。

情節的奇特和不合理所釀成的滑稽，以及滑稽中鮮活的人物和世態，即使是對現代的讀者來說，也不失其取悅人的力量。

第二本著作『風流志道軒傳』則係採用當時著名的說書人傳記的體裁，所寫成的幻想旅行故事。內容描述為了色道的修業而遍歷全日本的主角，乘坐由仙人所授可以自由飛翔的羽扇，遍訪各個神奇的國家。包括「大人國」、「小人島」、「長腳國」，長手人所居住的「長臂國」，男女胸前皆穿洞的「穿胸國」（在這裡棒子可以穿過胸洞運送人）。只有庸醫的「愚醫國」，鄉下武士所居住的「武左國」等。

主角在中國中計不慎遺失魔羽扇，乘船回日本的途中，又因船難而漂流至只有女人居住的「女人島」，在此擔任男即的工作，回到日本後便成了說書人，講述這段波濤萬丈的旅行故事。不用說，這是「日本版的格列佛遊記」，和司威夫特的『格列佛遊記』同樣，也強烈地諷刺社會。例如，醫生什麼學問都沒有，對藥物也一無所知，只知道錢和玩樂，是看得令人咬牙切齒的好文章。

『根南志具佐』和『風流志道軒傳』深獲好評，因此，又出版了『根南志具佐後篇』。這三篇作品使源內立時成了江戶文壇的名人，其獨特的文體稱為「平賀體」，後來對江戶文學有很大的影響。

『根南志具佐』對當時開發新田和建築的風潮有戲劇化的描述，連煉鐵的場面也出現了。全文以冷靜的態度觀察世態，從中發現可笑之處，充分流露出戲作家喜感的精神。

有趣的精神

源內是如何「學習」而創作新的戲作文學呢?這點我們不得而知，但一般而言，小說家最須具備的就是觀察人和社會，並從中發現有趣之處的感覺。感覺遲鈍的人是不會寫小說，也不想寫小說。對各種事物都感興趣的源內發現了各種有趣之處，因此，更進而開發出「感覺到有趣的精神」。這樣的精神往往能使人生變得快樂、豐富。大部分的人只瀏覽一下的一些新聞報導，也有的人會從中發現趣味，而笑得樂不可支。源內正是這種「感覺到有趣的精神」豐富的人，這點不僅是小說，從評論中也可以看出來。

例如『放屁論』。本論取材自江戶兩國放屁男子的真實故事，描述這名放屁男子能用屁巧妙表演雞叫、水車和鞭炮的聲音。能注意到這種故事，將其記錄下來流傳後世，也是拜源內豐富的「感覺到有趣的精神」之賜。當然，這是一篇戲謔的文章，但滑稽中也具有相當的說服力。例如「人若為小天地，則天地有雷，人有屁，陰陽相激成聲，時發時撒……犬吠聲、雞鳴、鞭炮聲欺兩國，水車聲好比淀川」。

此外，也有將陰莖擬人化，來描述日本歷史的奇文『痿陰隱逸傳』。晚年時他也撰寫淨琉璃的劇本，在這方面也很有名。全部共包括其代表作『神靈矢口渡』等九篇，對淨琉璃在江戶的廣傳助益匪淺，雖算不上是早期江戶淨琉璃的先鋒，但也是有力的作家之一。其中源內也運用本草學的知識，插入如將祕密文件浸泡水中，文字便顯現，以及利用水銀封住敵人的聲音等情節。

更有趣的是他的文才也運用在廣告中。『平賀源內全集』便收集了牙粉、餅店和麥飯屋三則廣告宣傳用的文章。可能是源內受人之託而寫的，或是熟識的餅店、麥飯店老闆找他商量，他當場揮毫便寫成的吧！

此外，必然也有同樣的「作品」才對。這就好像現代的暢銷作家寫廣告文案一樣，源內或許可以說是廣告文案之祖。江戶文學的研究家森銑三說：「我國廣告文學的歷史輝煌，其中源內尤值得大書特書。」對此我也有同感。

「學習」豐富人生

電視的時代劇多半將源內描寫為町內的貧窮浪人，但實際上並非如此。他的確學識豐富，但決非貧窮的浪人，他在江戶神田有一幢房子，或許比起女性來他更關心男性，所以並未娶妻，過著擁有門第和家僕的生活。他跟許多大名和幕府的要人交往，將舶來珍品賣給這些人而得利。第二次遊學長崎時他又取得大量的珍品，將此推銷給大名和豪商，其間的辛苦他在信上寫道：「不敢說賣，只問對方要不要。」

此外，藥草的鑑定和買賣的仲介也是他收入的一大來源。他甚至將藥草和珍奇產物分發給地方上的同好，所以他決非貧窮浪人，而是多金、身份高貴的人。這些積攢下來的資金使他得以從事秩父的礦山事業。

但是事業失敗了，直至他五十二歲去世的最後十年裡，都一直籠罩於「有錢能使鬼推磨」的感嘆中。不論是天才或偉人，都必須賺錢生活，他開始寫淨琉璃的劇本，實際上也是為了錢。但光是如此還不足以維持源內先生所渴望的高水準生活。

為了維持生計，就必須運用人類的能力，他在『放屁論』中便說道：「運用各種才智，將錢千變萬化地投入新工作裏……」正如這句話所說的，他嘗試各種的賺錢方法。

源內信中曾提及要開設五金行，計畫賣藥，在江戶和大阪開設販賣荷蘭舶來珍品店等。前面所提及的溫度計等，一方面是他對科學和技術的關心，一方面也是為了仿造加以販賣。最後，他開始了製造、販賣婦女用雜貨的事業，共雇了五、六位工人，在家裡製造，包括塗銀的伽羅木，用象牙製成的昂貴梳子，與皮革類似的皮紙，以及鑲上金箔的煙盒等，在源內巧妙宣傳下，全都非常暢銷。此外，他還想出了「風流的蚊香」這種奇怪的東西，只知是回轉式的蚊香裝置，實際構造如何我們不得而知，下落如何也不明。

源內這個人能在各方面都動腦筋，眞是令人深感佩服。最後，我想談的是他曾經營建築工程。在日記裡詳細地記錄了當時木材的價格，成了今日了解物價的寶貴資料，同時我們也可以了解距今約二百年前的江戶，建材大多使用松木。關於源內死前的經過有各種的傳說，真相可能是包工程時引起了糾紛，為某種緣故而誤殺了人，被捕後便於獄中病逝，結束了他五十二年餘忙碌的一生。

對馳騁於大江戶的「能幹者」而言，這的確是意外的結束。

源內的一生給我印象最深刻的，便是他認為自己什麼都做得到的自信，這種自信豐富了他的人生，也引出了他內在的各種能力。只要有這種豐富的感受性，對許多事情都能感到有趣，相信任何人都能享受自己的人生。一切的「學習」不就是為了豐富人生、享受人生嗎？

後記

天才和學習——或許是令人意外的組合吧！一般人都認為天才是具有普通人所未具的才能，即使沒有特別學習，也會有名留青史的大發明和大發現，創造出優秀作品的人。

但我們調查發現，被稱做天才的人，他們的一生都非常努力地學習。原本，天賦的才能是不存在的。包括語言在內，人類一切的能力和感性，都是經由學習而得來。這一點，不論是天才或普通人都是一樣。

此外，天才也沒有特別的學習法，不過是將普通人所知道的方法，集中進行到極限罷了！最困難的當是集中至極限。學習，當然不限於學校的學習，由生至死人們所經驗的一切全都包括在內。對人類而言，學習就是一種生活方式。雖有不少人因惡質的學校教育而討厭學習，但人類原本就是一種很喜歡學習的動物。

或許有人對「天才」覺得反感，但這只是便於行事而已，不過意味著許多人都知道這些人的名字，曾在世上留下偉大的功績。就這個意義而言，世上應該有數不盡的天才，我不過是從中取出九位罷了！不用說，我並無意展開天才論，浮現在我腦海裡的，這九位全是使用獨特學習方法的有趣人物。

觀察這些「天才」的學習術，我們也該注意到，父母所扮演的角色。不論是莫札特、畢卡索或卓別林，他們全都在父母深情灌溉下，自由伸展個別能力的環境中長大的，其「學習術」大多得力於父親或母親的努力。養育兒女之家庭教育，對孩子的能力和感性的發展是何等的重要！由這些「天才」的例子就可以了解。此外，頗耐人尋味的是「天才」們的父母，決不強調「要學習」之類的話，這不是因為「天才」們的頭腦都特別好，而是父母信賴自己的孩子啊！信賴是促使內在潛力開花的陽光。

那麼，天下父母能夠做到的一件大事，不就是信任子女了嗎?!

木原武一

一九九四年四月十五日

國立中央圖書館出版品預行編目資料

天才家學習術／木原武一著；劉雪卿譯，
--初版，--臺北市；大展，民84
面；　公分，--（社會人智囊；5）
ISBN 957-557-539-3（平裝）

1.學習心理學

521.1　　84007877

原　書　名：天才の勉強術
作　　　者：© Buichi Kihara 1994, Printed in Japan
版權代理：宏儒企業有限公司

ISBN 957-557-539-3

天才家學習術

原著者／木原武一
編譯者／劉雪卿
發行人／蔡森明
出版者／大展出版社有限公司
社　址／台北市北投區（石牌）
致遠一路二段12巷1號
電　話／(02) 8236031・8236033
傳　眞／(02) 8272069
郵政劃撥／0166955－1
登記證／局版臺業字第2171號
承印者／國順圖書印刷公司
裝　訂／嶸興裝訂有限公司
排版者／千賓電腦打字有限公司
電　話／（02）8836052
初　版／1995年（民84年）9月
定　價／160元

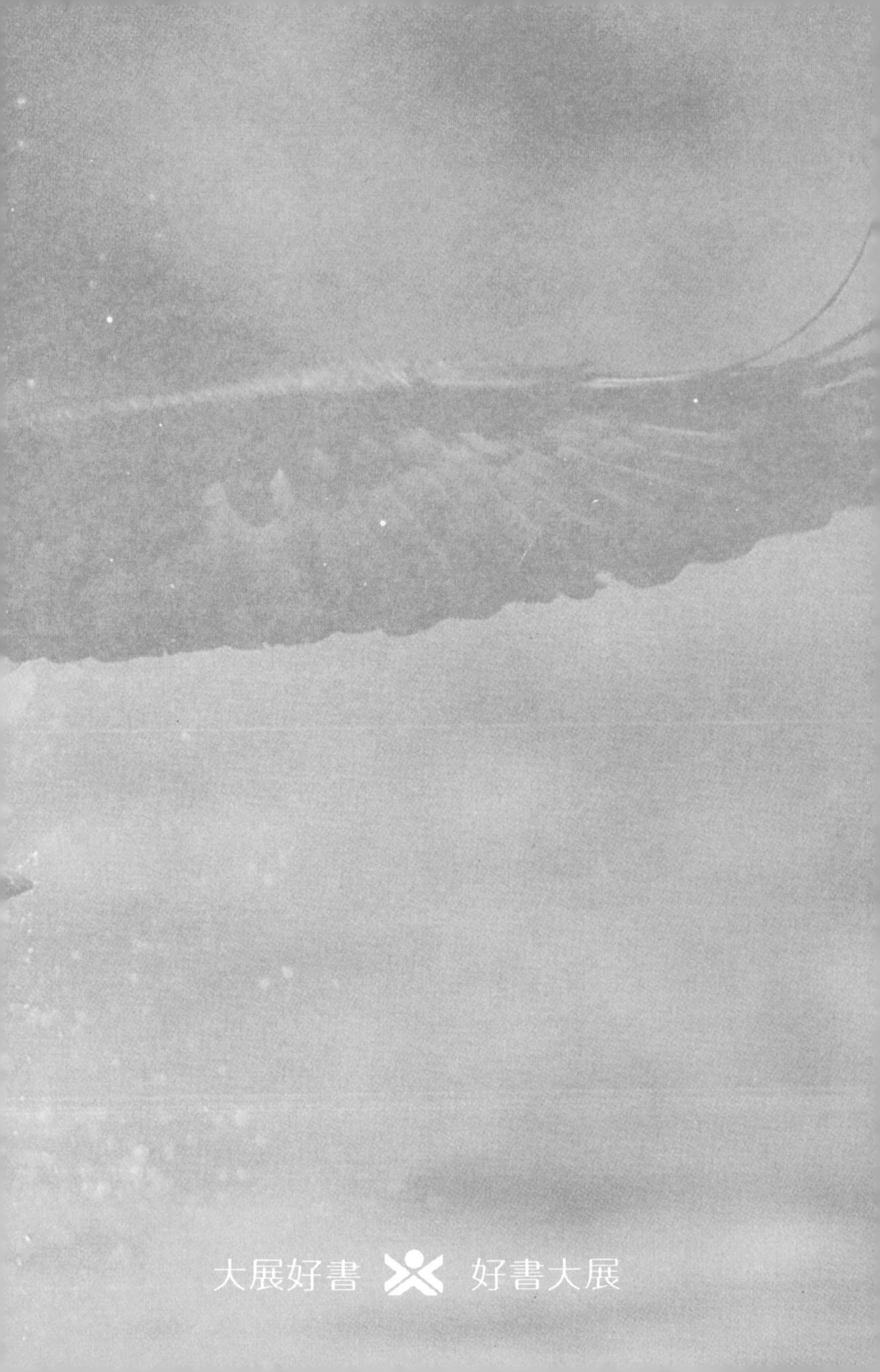
大展好書 好書大展

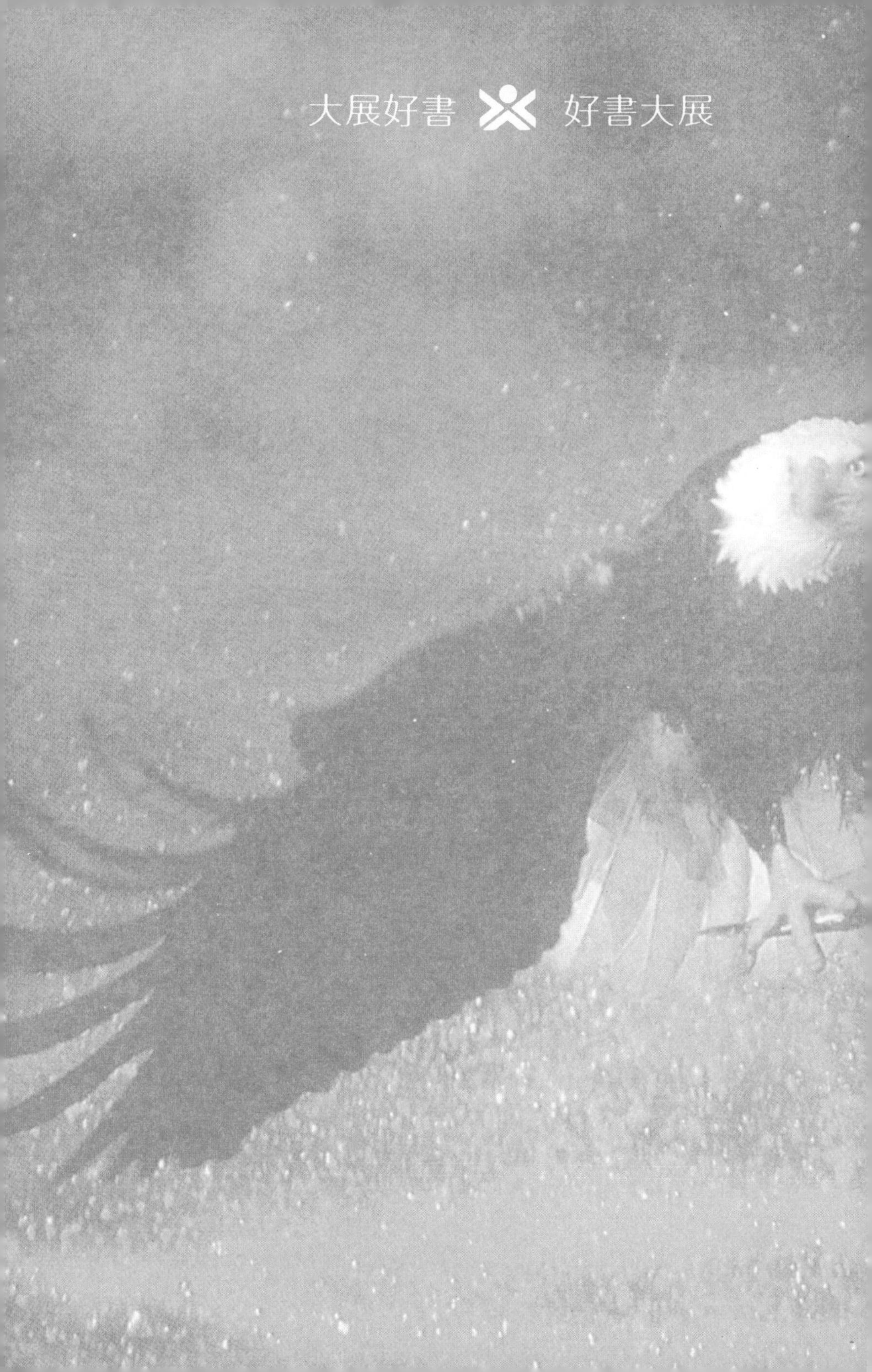
大展好書 好書大展